진리와 법적 형태들

진리와 법적 형태들

미셸 푸코 지음

육은정 옮김

차례

일러두기

1. 이 소책자는 푸코가 1973년 5월 21일부터 25일까지 브라질 리우데자네이루 가톨릭대학교에서 '진리와 법적 형태들'이라는 제목 아래 다섯 차례로 벌인 강연 기록, 그리고 마지막 5회 강연 뒤 이어진 여러 토론자들과의 대담 기록을 우리말로 옮긴 것이다.

• 리우 강연은 1974년에 포르투갈어로 처음 출간되었다. "A verdade e as formas juridicas", *Cadernos da PUC-Rio*, n° 16, 1974, pp. 5-133.

• 이 강연의 프랑스어본은 푸코의 『말과 글(Dits et écrits)』 139번으로 1994년에 나왔는데, 이는 플리니오 프라도(Plínio Walder Prado Junior)가 강연 당시의 녹음 기록도 활용하면서 위의 포르투갈어 원전을 프랑스어로 옮긴 것이다. "La vérité et les formes juridiques", in *Dits et écrits*, II: 1970-1975, Gallimard, 1994, text n° 139, pp. 538-646; repr. coll. "Quarto", I: 1954-1975, Gallimard, 2001, pp. 1046-1514.

• 한편 대담 기록은 빼고 5회분 강연을 전부 옮긴 영어본이 2000년에 출간된다. 영어본은 위 프랑스어본을 저본으로 삼은 것 같다. 그런데 누락된 단락이 더러 눈에 띈다. "Truth and juridical forms", tr. Robert Hurley, in *Power: Essential Works of Foucault III*, New Press, 2000, pp. 1-89.

• 한국어본은 프랑스어본을 번역 대본으로 사용했고 영어본을 참조했다.

2. 따라서 각주에 나오는 인용 문헌 출처나 몇 가지 주석들은 프랑스어본 편집자가 단 것이다. 한국어본에서는 한글 문헌 출처를 병기하는 한편, 프랑스어본과 영어본에서 발견되는 몇 가지 오류도 별도의 언급 없이 바로잡았다. 결국 이 리우 강연은 포르투갈어본이든 프랑스어본이든 콜레주드프랑스 강의록만큼의 꼼꼼한 고증 작업을 동반하지 않은 것 같다.

3. 본문에 사용한 기호의 쓰임새는 다음과 같다.

『 』: 단행본, 잡지

「 」: 논문

〈 〉: 시, 조각, 연극, 회화 등의 작품

/ : 지은이가 중의적으로 쓴 단어, 옮긴이가 중의적으로 옮긴 단어

〔 〕: 옮긴이의 추가

이 몇 차례 강연에서 제가 말씀드리고자 하는 것은 부정확하거나 틀렸거나 오류가 있을 수도 있는 내용들인데요, 그럼에도 작업가설로서, 미래의 작업을 위한 가설들로서 여러분께 제시하려고 합니다. 이 점에 대해 양해를 부탁드리며, 또 그 이상의 기탄없는 의견을 들려주시길 부탁드리겠습니다. 매회 강연 말미에는 질문이나 비판, 반론을 해주시면 정말 좋겠습니다. 그러면 제가 할 수 있는 범위에서, 또 제 머리가 아직 굳지 않았다면, 조금씩 그 질문들에 답할 수 있을 테고요. 그렇게 다섯 번의 강연이 끝날 무렵에 우리는 하나의 작업을 함께 끝맺음하는 셈이 되고, 경우에 따라서는 어떤 진전을 이루게 될 것 같습니다.

'진리와 법적 형태들'이라는 제목으로 여러분께 약간 수수께끼처럼 보일 수도 있는 문제를 소개하기에 앞서, 오늘은 하나의 방법론적 고찰을 제시하고자 합니다. 제가 여러분께 제시하려는 것은 기존에 이미 연구되고 정리된 서너 가지 연구들의 수렴점인데요, 이로써 완전히 독창적이지는 않겠습니다만 적어도 혁신적인 어떤 종류

제1강

의 연구 안에서 기존의 그 연구들을 대결시켜 재통합할 수 있으리라 기대합니다.

우선 '지식의 영역들이 어떻게 해서 사회적 실천들로부터 형성될 수 있었는가'라는 고유하게 역사학적인 연구가 있습니다. 쟁점은 이렇습니다. 그러니까 우리가 약간은 비꼬는 의미를 담아 '아카데믹한 마르크스주의'라고 명명할 수 있을 하나의 경향이 있다는 것이죠. 그리고 그것은 존재의 경제적 조건들이 인간의 의식 속에서 어떤 방식으로 자신의 반영이나 표현을 발견할 수 있는가에 대한 연구입니다. 제가 보기에 프랑스나 유럽의 강단 마르크스주의의 전통이라 할 이런 유형의 분석은 하나의 매우 중대한 결함을 보여주는 것 같습니다. 즉, 인간 주체, 인식의 주체, 인식의 형식들 그 자체가 어떤 형태로 미리 그리고 결정적으로 주어져 있으며, 존재의 경제적, 사회적, 정치적 조건은 결정적으로 주어진 이 주체 속에 침전해 있다, 또는 각인된다는 것을 근저에서 전제하고 있다는 것입니다.

제 목표는 사회적 실천들이 어떻게 지식의 영역들을 산출하기에 이르는지, 그것도 새로운 대상, 새로운 개념, 새로운 기법을 출현시킬 뿐 아니라, 전적으로 새로운 주체 형태들과 인식의 주체들을 탄생시키는 지식의 영역들

진리와 법적 형태들

을 산출하게 되는지를 여러분께 보여드리는 것입니다. 인식의 주체는 자기 자신의 역사를 갖고 있으며, 주체와 객체의 관계, 또는 더 분명하게 말해서 진리 또한 역사를 갖고 있습니다.

그러니까 저는 19세기에 어떻게 인간에 대한 특정한 지식, 개인성에 대한 지식, 그리고 어떤 개인이 정상인지 비정상인지, 규칙 안에 있는지 밖에 있는지에 대한 지식, 사실상 통제와 감시라는 사회적 실천으로부터 탄생한 그러한 지식이 어떻게 형성될 수 있었는지를 특히 보여드리고 싶습니다. 그리고 이 지식이 인식의 주체에 부과되지 않고, 제안되지 않고, 또한 각인되지도 않으면서 어떻게, 어떤 방식으로 완전히 새로운 유형의 인식 주체를 출현시켰는지를 보여드리고 싶습니다. 결정적으로 주어지는 인식 주체의 우위를 배제한, 사회적 실천과 연결된 지식의 영역들의 역사, 이것이 제가 여러분께 제안하는 연구의 첫 번째 축입니다.

연구의 두 번째 축은 방법론적 축인데, 우리는 이것을 담론 분석이라고 부를 수 있을 겁니다. 이 분야에서도 역시, 최근의, 그렇지만 이미 유럽의 대학〔강단〕에서 받아들여지고 있는 전통은 담론을 통사론적 구성 규칙들에 의해 서로 연결된 언어학적 사실들의 집합으로 다루는 경향이 있는 것 같습니다.

몇 년 전에는, 언어로 만들어지는 것, 즉 시, 문학, 철학, 담론 일반이 언어의 법칙들과 규칙성들 등 일정 수의 법칙이나 내적 규칙성에 복종한다는 것을 말하고 또 보여주는 것이 독창적이고 중요한 작업으로 간주되었습니다. 언어적 사실들의 언어학적 성격은 어떤 시대에는 중요한 발견이었습니다.

그러나 담론의 이러한 사실들을 언어학적 측면에서만 고찰하는 것이 아니라 어떤 면에서는―여기서 저는 영미권 학자들의 연구에서 영감을 받았는데요―놀이로, 게임으로, 〔즉〕 작용과 반작용의, 질문과 대답의, 지배와 회피의, 그리고 싸움의 전략적 게임으로 고찰하는 순간이 왔습니다. 담론은 어떤 수준에서는 언어학적 사실들의 규칙적인 집합이지만, 또 다른 수준에서는 논쟁적이고 전략적인 사실들의 규칙적인 집합입니다. 전략적이고 논쟁적인 게임으로서의 담론에 대한 이런 분석이 제 생각에는 연구의 두 번째 축입니다.

마지막으로 제가 제안하는 연구의 세 번째 축은 앞의 두 축과 만남으로써 제가 위치하고 있는 수렴점을 정의하는 것인데요, 이 축은 바로 주체 이론의 재정교화입니다. 주체 이론은 요 몇 년 동안 몇몇 이론에 의해, 그

진리와 법적 형태들

리고 더 중대하게는 몇몇 실천에 의해 심도 있게 수정되고 쇄신되어왔습니다. 그중에서 전면에 서 있는 것은 말할 것도 없이 정신분석입니다. 정신분석은 분명 데카르트 이후 서구적 사고 속에 확립되어 있는 우위를, 주체에 부여된 다소 신성한 우위를 가장 근본적인 방식으로 재평가한 실천이고 이론이었습니다.

2, 3세기 전, 서양철학은 명시적으로 혹은 암묵적으로 주체를 토대로서, 모든 인식의 중심적인 핵으로서, 그 안에서 그리고 그것으로부터 자유가 계시되고 진리가 꽃피는 장소로서 정식화했습니다. 그런데 제 생각에 정신분석은 주체의 이러한 절대적 지위를 집요하게 문제 삼았습니다. 그렇지만, 정신분석이 그렇게 했음에도, 우리가 인식/지식 이론théorie de la connaissance이라 부를 수 있을 영역 안에서, 혹은 인식론épistémologie 영역 안에서, 또한 과학사의 영역, 혹은 사상사l'histoire des idées의 영역에서 주체의 이론은 여전히 매우 철학적인 채로, 매우 데카르트적이고 칸트적인 채로—저는 일반적인 차원에서 논의하고 있기 때문에 데카르트적 개념과 칸트적 개념을 구별하지 않습니다—머물러 있는 것 같습니다.

지금도 우리는 역사를 쓸 때, 그것이 사상사든 인식의 역사든, 아니면 단순하게 역사든, 이런 종류의 인식

13

주체 즉 그것으로부터 인식이 가능해지고 진리가 나타나게 되는, 그런 원점으로서의 표상 주체에 만족합니다. 그러나 결정적으로 주어지지 않는 주체, 그로부터 진리가 역사에 등장하는 기점이 아닌 주체, 오히려 역사의 내부에서 구성되고, 역사에 의해 시시각각 형성되고 또한 재형성되는 주체, 이러한 주체의 형성이 역사를 통해 생산되는지를 보는 것은 흥미로울 것입니다. 역사에 의한, 인간적 주체에 대한 이러한 급진적 비판, 이것이 우리가 가야 할 방향입니다.

대학에서의, 또는 아카데믹한 마르크스주의의 특정 전통은 아직 주체에 대한 이 전통적인 철학적 관념과 손을 끊지 않고 있습니다. 그러나 제 생각에 이것이 이루어져야 합니다. 즉, 사회적 실천의 일부를 이루는 전략들의 집합으로 이해된 담론을 통한, 인식 주체의 역사적 구성을 보여주는 것입니다.

이것이 제가 제기하고 싶은 다양한 문제들의 이론적 바탕입니다.

사회적 실천에 대한 역사적 분석을 통해 주체성의 새로운 형태들의 출현 장소를 지정할 수 있습니다. 그리고 제 생각에는, 그중에서도 법적 실천들, 더 정확히는 사법적 실천들이 가장 중요합니다.

진리와 법적 형태들

여기서 제가 제출하고 싶은 가설은 '진리의 역사는 두 가지다'라는 것입니다. 첫 번째 것은〔한편으로〕 진리의 일종의 내적인 역사, 자신의 고유한 조절 원리들에 따라 제 스스로 정정해가는 그런 진리의 역사입니다. 과학들의 역사 안에서, 또는 이를 토대로 만들어지는 진리의 역사입니다. 다른 한편으로, 사회에는, 혹은 적어도 현대 사회에는 진리가 형성되고 일정 수의 게임의 규칙들이 정의되는 여러 가지 장소가 있는 것 같습니다. 주체성의 특정한 형태들, 특정한 대상 영역들, 특정한 지식의 유형들을 탄생시키는 게임의 규칙들 말입니다. 우리는 이것에 기초하여, 진리의 외적 역사, 외재적 역사라는 것을 쓸 수 있습니다.

사법적 실천들, 즉 인간 사이에서 과오나 책임을 중재하는 방식, 서구 역사에서 인간이 자신들이 저지른 잘못에 따라 재판을 받게끔 하는 방식을 규정하고 고안했던 양식, 그리고 특정한 개인에 대해서, 어떤 행위에 대해서는 보상을 해주고 다른 것에 대해서는 처벌을 부과해온 방식, 이 모든 규칙, 물론 역사 속에서 끊임없이 변화해온 이 모든 규칙적인 실천. 이것이 우리 사회가 주체성의 유형들과 지식의 형태들, 그리고 나아가 인간과 진리의 관계들을 규정해온 형태들 중 하나를 이룬다고 생

15

각하며, 따라서 연구할 만하다고 생각합니다.

이것이 제가 발전시키려고 하는 주제에 대한 대략적인 개요입니다. 즉 일정한 진리 형태들의 출처로서의 법적 형태들과 형법 영역에서의 그것의 진화입니다. 저는 어떻게 형벌 실천으로부터 특정한 진리 형태들이 규정될 수 있는지를 여러분께 보여드리려고 합니다. 왜냐하면 우리가 '조사enquête'[1]라고 부르는 것, 즉 15세기부터 18세기까지 철학자 또는 지리학자, 식물학자, 동물학자, 경제학자 등 과학자들이 수행했었고 현재도 수행하고 있는 조사라는 것은 현대 사회들에 꽤 특징적인 진리 형태이기 때문입니다.

그런데 우리는 조사의 기원을 어디서 찾을 수 있을까요? 그것은 정치적이고 행정적인 실천에서도 발견할 수 있지만(이에 대해서는 나중에 말씀드리겠습니다), 사법적 실천에서도 발견됩니다. 조사가 사법 영역 내부에서 '진실 탐색recherche de la vérité'의 형태로서 등장하는 것은 중세입니다. 서양에서 조사의 복잡한 기술들을 만들어낸 것은 누가 무엇을 언제 어떤 조건에서 했는가를 정확하게 알기 위해서였습니다. 이것이 이후에 과학 영역

---

1   원문에 프랑스어로 표기(편집자).

진리와 법적 형태들

과 철학적 성찰의 영역에서 사용될 수 있었던 것이죠.

　마찬가지로, 19세기에는 법적, 사법적, 형법적 문제들로부터, 이번에는 조사가 아니라, 제가 앞으로 '검사 examen'[2]라고 부를, 꽤 기묘한 분석 형태들을 또한 발명했습니다. 이 분석 형태들로부터 사회학, 심리학, 정신병리학, 범죄학, 정신분석이 생겨난 것입니다. 저는 이런 분석 형태들의 기원을 탐색하면서, 그것이 19세기 말 자본주의 사회의 형성기에 몇몇 정치적, 사회적 통제의 형성과 직접적으로 연결되어 탄생하는 것을 우리가 어떻게 볼 수 있는지를 여러분께 보여드리겠습니다.

　지금까지, 앞으로 이어질 강연에서 다룰 내용들을 대략적으로 정식화해보았습니다. 다음 강연에서는 그리스적 사유 속에서 조사의 탄생에 대해 말씀드리겠습니다. 그리스적 사유라고 해도, 완전히 신화도 아니고 완전히 비극도 아닌 것, 바로 오이디푸스Oedipus 이야기입니다. 저는 오이디푸스 이야기를 욕망의 정식화나 인간 욕망의 형태들의 원점으로서가 아니라, 지식의 역사에서의

2　　원문에 프랑스어로 표기(편집자). [옮긴이] 이 단어가 『악을 행하고 진실을 말하다』나 『자기와 타자의 통치』 등에서 사용될 때에는, 특히 세네카 등 중세와 관련되어 사용될 때에는 '점검'이라는 의미가 더 낫다. 한편 법에만 한정될 때에는 '심문, 취조' 등의 의미도 있다.

17

꽤 기묘한 에피소드로서, 또한 조사의 출현 지점으로서 말씀드리려고 합니다. 그다음 번 강연에서는 중세에 확립된 관계, 즉 시련épreuve[3]의 체제와 조사의 체계 사이의 대립과 충돌을 다룰 것입니다. 마지막 두 번의 강연에서는 제가 검사라고 부른 것 또는 검사의 과학들—이것들은 자본주의 사회의 형성 및 안정화와 관련되어 있습니다—에 대해 얘기하겠습니다.

당장은, 방금 전에 이야기한 방법론적 고찰들을 다른 각도에서 다시 한번 말씀드리고 싶습니다. 하나의 이름을 인용하는 것이 가능하고 또 더 정직했을지 모릅니다. 바로 프리드리히 니체Friedrich Nietzsche입니다. 왜냐하면 제가 여기서 말하는 내용은 니체의 저작과 관련해서만 의미를 갖기 때문입니다. 니체의 저작은 제가 제안하는 연구를 위해 의존할 수 있는 모델들 중 가장 좋은, 가장 유효하고 가장 현행적인 것이라고 생각합니다. 니체가 쓴 글을 들여다보면 인식 주체의 선존재를 인정하지 않으면서 주체 자체의 형성에 대해서 또는 특정한 지식의 유형의 탄생에 대해서 역사적 분석을 하는 담론 유형을 확실히 발견할 수 있습니다. 저는 니체의 저작에서 우리

---

3   원문에 프랑스어로 표기(편집자).

의 분석에 모델이 될 수 있는 선〔밑그림〕들을 찾아보고
자 합니다.

그 출발점으로, 1873년에 쓰였으나 니체 사후에 출
판된 글 하나를 들어보겠습니다. 니체는 다음과 같이 말
합니다. "무수한 태양계의 불이 넘쳐나는 우주의 일각에,
우연히 있을 때 어떤 행성 위에 지적인 동물이 인식이라
는 것을 발명했다. 그것은 우주의 역사상 가장 오만으로
가득 차고 거짓말로 가득 찬 때였다."[4]

굉장히 풍부하고 난해한 이 글에서, 저는 유명한 부
분인 "가장 거짓말로 가득 찬 때였다"를, 특히 이것을 포
함해서 여러 부분을 옆으로 치워두겠습니다. 제가 첫 번
째로 그리고 흔쾌히 생각해보고 싶은 것은, '인식이 어떤
별 위에서 어떤 특정한 순간에 발명됐다'라고 말하는 니
체의 건방짐과 거침없음입니다. 저는 건방짐이라고 했습
니다. 왜냐하면 1873년이라고 하면, 칸트주의의 한가운
데는 아니라고 하더라도 신칸트주의의 한가운데라는 것

---

4   Friedrich Nietzsche, *Vérité et Mensonge au sens extra-moral* (1873; trad M.
Haar et M. de Launay), in *Oeuvres philosophiques complètes*, Paris, Gallimard,
1975, t. l, vol. II: Écrits posthumes (1870-1873), p. 277[프리드리히 니체, 「비도덕
적 의미에서의 진리와 거짓에 관하여」, 『유고 1870년-1873년: 디오니소스적 세
계관, 비극적 사유의 탄생 외』(니체전집 3), 이진우 옮김, 책세상, 2001, 443쪽].

19

제1강

을 우리는 모르지 않기 때문입니다. 시간과 공간은 인식의 형식이 아니라 그 위로 인식이 와서 정착하는 일종의 원시적인 암반과도 같은 것이라는 생각은, 당시에는 도저히 받아들이기 힘든 것이었습니다.

제가 '발명'이라는 용어에 주목하면서 집중하고 싶은 부분이 바로 여기입니다. 니체는 특정한 시점에 우주의 특정한 장소에서 지적인 동물이 인식을 발명했다고 단언합니다. 그가 사용하는 '발명'이라는 단어—독일어로는 Erfindung—는 그의 텍스트에서 여러 차례, 그것도 항상 논쟁적인 의미를 동반해서 나타납니다. 발명을 얘기할 때, 니체는 항상 그것에 대립하는 단어를 염두에 둡니다. 그것은 '기원'이라는 단어입니다. 그가 '발명'을 말하는 것은 '기원'을 말하지 않기 위함입니다. Erfindung을 말하는 것은, Ursprung(기원origine)을 말하지 않기 위함입니다.

여기에는 증거가 몇 가지 있는데요, 두세 가지를 소개하겠습니다. 예를 들면, 아마도 『즐거운 학문Die fröhliche Wissenschaft』에서였을 텐데요, 니체는 아르투어 쇼펜하우어Arthur Schopenhauer의 종교 분석을 이렇게 비판합니다. 쇼펜하우어는 모든 사람에게 존재하며 모든 종교의 핵, 그것의 본질적이면서 진정한 모델을 미리 함

진리와 법적 형태들

유하는 어떤 형이상학적 감정 안에서 종교의 기원, 즉 Ursprung을 찾는 오류를 저질렀다고 말입니다. 니체는 이렇게 단언합니다. '이것은 종교의 역사에 대한 완전히 틀린 분석이다. 왜냐하면 종교가 형이상학적 감정에서 비롯한다고 인정하는 것은 순전히 그리고 단순하게, 종교가 적어도 암묵적인 상태에서 이미 그러한 형이상학적 감정 속에 주어져 있다는 것을 의미하기 때문이다.' 그러면서 니체는 말합니다. '역사는 그런 것이 아니다, 역사는 그런 식으로 할 수 없다, 사태는 그런 식으로 일어난 것이 아니다'라고요. 왜냐하면 종교는 기원을 갖지 않기 때문입니다. 종교는 Ursprung을 갖지 않으며, 종교는 발명된 것이고, 종교의 Erfindung〔발명/고안/창작〕이 있었다는 것입니다. 어떤 순간에 어떤 일이 일어나서 그것이 종교를 출현시켰다는 것입니다. 종교는 만들어진 것이며, 그전에는 존재하지 않았다는 것이죠. 쇼펜하우어가 기술한 Ursprung의 위대한 연속성과 니체의 Erfindung을 특징짓는 단절 사이에 근본적인 대립이 있는 것입니다.

마찬가지로 『즐거운 학문』에서 시에 대해 말하면서 니체는 시의 기원, Ursprung을 찾으려 애쓰는 사람들이 있지만, 실제로 시의 기원이란 없고 시의 발명밖에 없다고 단언합니다.[5] 어느 날 누군가가 언어의 음악적인 특징이나 리드미컬한 속성들을 이용하여 말하거나 자신의 단어들을 부여하거나, 이 단어들을 통해서 타인들에 대한 특정한 권력관계를 수립한다는 꽤 기묘한 아이디어를 떠올렸고, 이런 식으로 시가 발명되고 만들어졌다는 겁니다.

『도덕의 계보Zur Genealogie der Moral』 1장의 말미에도 '이상l'idéal'을 만들어내는 이런 종류의 거대한 제작, 거대한 공장에 대한 유명한 구절이 있습니다.[6] '이상은 기원을 갖지 않는다. 이상 역시 발명되고 제작되며, 일련의 메커니즘, 그것도 사소한 메커니즘들에 의해 생산된다.'

니체에게 발명, Erfindung은 한편으로는 단절이지만 다른 한편으로는 사소하고 저속하고 비천하며 차마 말할 수 없는 사소한 시작을 품고 있는 무엇입니다. 이것

---

5 『즐거운 학문』 제5부 353절 '종교의 기원에 대하여'. Nietzsche (F), *Le Gai Savoir* (1883; trad. de la 2e éd de 1887, par P. Klossowski), livre V, § 353: *De l'origine des religions, op. cit.*, t V, 1967, pp. 238-239[프리드리히 니체, 『즐거운 학문·메시나에서의 전원시·유고 1881년 봄–1882년 여름』(니체전집 12), 안성찬·홍사현 옮김, 책세상, 2005, 337~339쪽].

6 『도덕의 계보』 제1논문 14절. "이 지상에서 어떻게 이상이 제조되는가의 비밀을 조금이라도 내려다보고 싶은 사람은 누구인가? …… 이상을 제조하는 이 공장은 내게는 새빨간 거짓말 때문에 고약한 냄새가 나는 것 같이 생각됩니다." Nietzsche (F), *La Généalogie de la morale* (1887; trad. I. Hildenbrand et J. Gratien), Première Dissertation, § 14, *op. cit.*, t. VII, 1971, pp. 243-244[프리드리히 니체, 『선악의 저편·도덕의 계보』, 김정현 옮김, 책세상, 2002, 380~381쪽].

22

이 Erfindung에서는 근본적인 지점입니다. 시가 발명된 것은 불분명한 권력관계에 의해서였습니다. 종교가 발명된 것 또한 순전히 모호한 권력관계에 의해서였죠. 즉, 모든 시작은 철학자들이 생각하는 성대한 기원과는 반대로, 비천함 그 자체입니다. 역사가는 비천한 것들을 두려워해서는 안 됩니다. 왜냐하면 비천한 것의 축적으로부터, 사소한 것의 축적으로부터 커다란 사태가 산출되기 때문이죠. 좋은 역사적 방법을 좇아서, 기원의 성대함에 이러한 제작들과 발명들의 자질구레하고 말하기 힘든 사소함을 대립시켜야 합니다.

요컨대 인식은 발명됐습니다. 인식이 발명된 것이라고 말하는 것은 인식에는 기원이 없다고 말하는 것입니다. 이는, 더 정확하게 말하자면, 역설적이긴 하지만, 인식은 인간의 본성에 새겨진 것이 절대 아니라는 것입니다. 인식은 인간의 가장 오래된 본능을 구성하지 않으며, 거꾸로 말하면, 인간의 행동, 인간의 욕구, 인간의 본능 속에는 인식의 싹 같은 것이 존재하지 않는다는 것입니다. 실제로 니체는 인식이 본능들과 관계를 갖고 있지만 본능 속에 존재하는 것은 아니며, 인식이 여러 가지 본능 중 하나인 것도 아니라고 말합니다. 인식은 단순히 본능들 사이의 게임이나 대립, 접합, 혹은 투쟁과 타협의 결과

23

일 뿐입니다. 무언가가 산출되는 것은 본능들이 서로 만나고, 서로 다투고, 그 투쟁의 끝에 마침내 어떤 타협에 이르기 때문입니다. 이 무언가가 바로 인식입니다.

따라서 니체에게 인식은 본능들과 똑같은 본성을 갖지 않으며, 인식은 본능들 자체의 세련화 같은 것도 아닙니다. 인식의 토대, 기초, 출발점에는 본능들이 있지만, 그 본능들은 서로 충돌하고 있으며, 인식은 그 충돌의 표층적인 결과일 뿐입니다. 인식은 섬광, 퍼져나가는 빛 같은 것이지만, 그것은 본성적으로 완전히 다른 현실들이나 메커니즘들에 의해 산출되는 빛입니다. 인식이란 본능들의 효과인 것입니다. 그것은 하나의 요행, 또는 긴 타협의 결과물 같은 것입니다. 니체는 또한 그것을 "두 검이 맞부딪혀 일으키는 불꽃"이라 표현했습니다.

인간 본성에 미리 초벌 그림이 그려져 있지 않은 표면 효과로서, 인식은 본능들 앞에서, 그 위에서, 또는 그 한가운데서, 그것들을 주도합니다. 인식은 본능들을 억제하고, 본능들 사이의 특정한 긴장이나 이완 상태를 번역하여 표현합니다. 그러나 우리는 인식을 일종의 자연적인 파생처럼 분석적으로 도출할 수는 없습니다. 우리는 그것을 본능들 자체로부터 필연적인 방식으로 끌어낼 수는 없습니다. 인식은 근본적으로 인간 본성의 일부가

24

아닙니다. 인식을 발생시키는 것은 싸움, 투쟁, 투쟁의 결과이며, 따라서 위험과 우연입니다. 인식은 본능적인 것이 아니라 반본능적입니다. 마찬가지로 그것은 자연적인 것이 아니라 반자연적인 것입니다.

이것이 인식은 발명품이며 기원을 갖지 않는다는 생각에 부여할 수 있는 최초의 의미입니다. 그러나 이 단언에 주어질 수 있는 또 다른 의미는 인식이 인간 본성에 연결되지 않고 그것으로부터 도출되지 않을 뿐 아니라, 인식해야 할 세계에, 기원의 권리상,[7] 속하지도 않는다는 것입니다. 니체에 따르면, 인식과 인식해야 할 사태 사이에는 그 어떤 예정된 유사성도 친연성〔친자관계〕도 없습니다. 더 엄밀하게 칸트적 용어로 말하면, 경험의 조건들과 경험의 대상의 조건들은 완전히 이질적이라고 말해야만 한다는 것입니다.

이로써 서구 철학 전통과의 거대한 단절이 발생했습니다. 이마누엘 칸트Immanuel Kant는 경험의 조건과 경험 대상의 조건들이 동일하다고 처음으로 명시적으로 말한 인물이었습니다. 반대로, 니체는 인식과 인식해야 할 세

---

7   [옮긴이] 원문이 par un droit d'origine인데, 맥락상으로는 '그 어떤 기원에 의해서도' 정도의 뜻이나, 정확하지 않아서 직역했다.

계 사이에는 인식과 인간 본성 사이의 차이만큼의 차이가 있다고 생각합니다. 따라서 인간 본성, 세계, 그리고 이 둘 사이에 인식이라 불리는 것이 있습니다. 이것들 사이에 어떤 친연성, 유사성, 자연적 연결도 없이 말이죠.

인식은 인식해야 할 세계와 어떤 친연성의 관계도 갖지 않는다고 니체는 자주 말했습니다. 하나만 인용해 보죠.『즐거운 학문』단장 109는 이렇게 말합니다. "세계 전체의 성격은 영원히 카오스이다. 거기에 필연성이 없기 때문이 아니라 질서가, 분절이, 형식이, 미〔아름다움〕가, 현명함이 없기 때문이다."[8] 세계는 인간을 추호도 흉내 내려 하지 않으며, 세계는 일체의 법이라는 것을 모릅니다. 따라서 자연에 법칙이 있다고 말하는 것을 삼갑시다. 인식이 싸워야 하는 것은 질서도 없고 연계도 없고 형식도 없고 아름다움도 없으며 현명함도 없고 조화도 없고 법칙도 없는 세계에 대항해서입니다. 인식이 상대하는 것은 그런 세계입니다. 인식 안에는 그 어떤 권리에 의해서든 인식에 이 세계를 인식할 자격을 부여하는 것이란 없습니다. 자연이 인식되는 것은 자연스럽지 않습니

---

8   Nietzsche (F.), *Le Gai Savoir, op. cit.*, livre III, § 109, p. 126[프리드리히 니체, 『즐거운 학문·메시나에서의 전원시·유고 1881년 봄–1882년 여름』, 184쪽].

진리와 법적 형태들

다. 따라서 본능과 인식 사이에는 연속성이 아니라 싸움, 지배, 종속, 보상의 관계가 있는 것이며, 마찬가지로 인식과 인식이 인식해야 할 사태들 사이에는 그 어떤 자연적인 연속성의 관계도 없습니다. 거기에는 폭력, 지배, 권력, 힘, 위반의 관계가 있을 뿐입니다. 인식은 이런저런 것들에 대한 지각이나 인지, 또는 식별이 아니라 인식해야 할 것에 대한 위반일 수밖에 없습니다.

니체의 이러한 분석은 이중적인 의미에서 서양철학의 전통과 매우 중요한 단절을 이루는 것 같습니다. 그리고 우리가 여기서 끌어내야 할 교훈이 있습니다. 첫째, 인식과 사태 사이의 단절입니다. 서양철학에서 인식과 인식해야 할 사태가 연속적인 관계라는 것을 실제로 보증해주는 것은 무엇일까요? 무엇이 인식에 착오나 환상, 자의에 무한정 빠지지 않고 정말로 세계의 사태들을 인식할 수 있는 힘을 보증할까요?

서양철학에서 그것을 보증한 것이 신이 아니라면 도대체 무엇이겠습니까? 그렇습니다. 신입니다, 그것은. 르네 데카르트René Descartes 이후에,—그 전으로 가지는 맙시다—칸트에게도 아직, 인식과 인식해야 할 사태 사이에 조화가 존재한다는 것을 보증하는 것은 이 원리입니다. 인식이 진정으로 세계의 사태들에 근거한 인식이라고

27

하는 것을 증명하기 위해 데카르트는 신의 존재를 단언해야 했습니다.

인식과 인식해야 할 사태 사이에 더는 아무런 관계가 없다면, 인식과 인식된 사태와의 관계가 자의적인 것이라면, 그 관계가 권력과 폭력의 관계라면, 인식 체계의 중심에 존재하는 신은 더는 필수불가결하지 않게 됩니다. 『즐거운 학문』의, 세계에는 질서도 연계도 형식도 아름다움도 없다고 말한 그 동일한 구절에서 바로 니체는 이렇게 묻습니다. "언제쯤 신의 이 모든 그림자들이 우리를 모호하게 만드는 것을 그만둘 것인가? 언제쯤 우리는 자연을 완전히 탈신성화할 것인가?"[9]

인식 이론과 신학 사이의 단절은 니체의 것과 같은 분석에 의해 엄밀하게 시작됩니다.

둘째, 인식과 본능들―인간이라는 동물을 만들고 다듬는 모든 것―사이에 단절, 지배와 예속의 관계, 권력관계들밖에 없다면, 신만 사라지는 것이 아니고 단일성unité과 지고성을 가진 주체 또한 사라집니다.

데카르트 이후의 철학 전통으로까지만 거슬러 올라가면―그 이상으로 멀리 가지는 말고요―, 인간적 주체

---

9   *Ibid.*[같은 책, 185쪽].

진리와 법적 형태들

의 단일성은 욕망에서 인식으로, 본능에서 지식으로, 신체에서 진리로 이어지는 연속성에 의해 보증된다는 것을 알 수 있습니다. 이 모든 것이 주체의 존재를 보증합니다. 그런데 만약 한쪽에는 본능의 메커니즘들이나 욕망의 작용들, 신체의 작동과 의지의 작동 사이의 충돌 같은 것이 있고, 다른 한쪽에는—완전히 다른 본성의 수준에—인식이 있다고 한다면, 이제 인간적 주체의 단일성은 더는 필요하지 않게 됩니다. 우리는 주체들을 인정할 수 있고, 또는 주체는 존재하지 않는다고 인정할 수 있습니다. 이것이 제가 인용한, 인식의 발명에 관한 니체의 텍스트가 서양철학의 가장 오래되고 가장 확립된 전통과 단절하는 지점입니다.

그런데 니체가 인식은 본능들의 결과라고 말할 때, 인식은 하나의 본능도 아니고 본능들로부터 직접적으로 파생되지도 않는다고 말할 때, 그것은 정확하게 무슨 뜻일까요? 본능들이 인식과 어떤 자연적 관계도 맺지 않으면서 그것들의 작용만으로 그것들과 아무 관계도 없이 인식이라는 것을 생산, 제작, 발명하는 것은 어떻게 가능할까요? 이 신기한 메커니즘을 니체는 어떤 식으로 생각했을까요? 이것이 제가 다루고 싶은 두 번째 문제입니다.

『즐거운 학문』의 아포리즘 333은 니체가 인식의 제

작 또는 발명에 대해 남긴 가장 엄밀한 분석 중 하나로 볼 수 있습니다. 「인식한다는 것은 무엇을 의미하는가?」라는 제목의 이 긴 글에서, 니체는 intelligere(이해하다)를 ridere(조롱), lugere(한탄), detestari(혐오)[10]에 대립시킨 바뤼흐 스피노자Baruch Spinoza의 텍스트를 인용하고 있습니다.[11]

스피노자는 만약 우리가 사태를 이해하고자 한다면, 우리가 정말로 사태를 그 본성에서, 그 본질에서, 따라서 그것의 진실에서 이해하고자 한다면, 그것을 조롱하거나 한탄하거나 혐오하는 것을 경계해야 한다고 말했습니다. 이해란 이런 정념들이 가라앉았을 때에만 비로소 가능해진다는 것입니다. 그런데 니체는, 이는 사실이 아닐 뿐 아니라 실제로는 완전히 그 반대라고 말합니다. Intelliger, 이해한다는 것은 모종의 게임 이상의 것이 아니며, 더 정확하게는 특정한 게임의 결과, 즉 ridere, lugere, detestari가 서로 구성된 결과 또는 그것들 사이에 균형이 이뤄진 결과라는 것입니다.

---

10   [옮긴이] 푸코는 detestari의 번역어로 detester, haine, haïr를 섞어서 쓰는데, 여기서는 편의상 첫 번째를 혐오(하다), 두 번째와 세 번째를 증오(하다)로 옮겼다.

11   *Op. cit.*, § 333, p. 210[같은 책, 301쪽].

진리와 법적 형태들

니체는 우리의 이해란 그 배후에 조롱, 한탄, 증오〔혐오〕라는 이 세 가지 본능, 세 가지 메커니즘 또는 세 가지 정념이 있기에 비로소 가능하다고 말하는 것입니다.[12] 이 점에 관해서 몇 가지를 생각해볼 필요가 있습니다.

우선 이 세 가지 정념, 이 세 가지 충동—조롱, 한탄, 혐오—은 대상에 가까이 가거나 대상에 동화되는 것이 아니라 대상과 거리를 두고 대상과 스스로를 차별화하고 대상과 스스로를 단절하는 방식이라는 공통점이 있습니다. 우리는 대상을 조롱함으로써 스스로를 보호하고 대상을 한탄함으로써 대상의 가치를 격하시키고, 증오함으로써 대상을 멀리하고, 파괴하기도 하는 것이죠. 따라서 인식의 근원에 있으면서 인식을 산출하는 이런 충동들은 공통적으로 대상과의 거리두기의 의지, 대상으로부터 스스로 멀어지고 대상을 멀리 떨어뜨려놓으면서 결국 파괴하고자 하는 의지를 갖고 있습니다. 인식의 배후에는 어떤 막연한 의지가, 대상을 자기 쪽으로 가져오거나 대상에 동화되고자 하는 것이 아니라 반대로 대상으로부

---

12   위에서 참조한 니체 프랑스어 전집본 피에르 클로소프스키(Pierre Klossowski)의 프랑스어 번역의 경우 1982년 수정증보판에서는 ironiser(*Verlachen*), déplorer(*Beklagen*), honnir(*Verwünschen*)의 의지들(volontés)이라는 단어로 제시된다. *op. cit.*, éd. 1982, t. V, p. 222.

제1강

터 멀어지고 대상을 파괴하려고 하는 막연한 의지가 있습니다. 인식의 근본적인 악의méchanceté라고나 할까요.

　　이렇게 두 번째로 중요한 아이디어에 도달하게 됩니다. 즉, 이 충동들—조롱, 한탄, 혐오—은 모두 나쁜 관계들의 질서에 속한다는 것입니다. 니체는 인식의 배후에, 인식의 근원에 우리로 하여금 인식의 대상을 사랑하게 하는 애정이나 충동, 정념 같은 것을 놓는 것이 아니라, 오히려 우리로 하여금 위협적이고 후안무치한 사태들 앞에서의 증오나 경멸, 또는 두려움과 같은 태세를 취하게 하는 충동들을 놓고 있는 것입니다.

　　이 세 가지 충동—조롱, 한탄, 증오haïr—이 인식을 산출하는 데 이른다면, 그것은, 니체에 따르면, 스피노자가 말하듯이 그것들이 가라앉거나 서로 화해하거나 또는 하나가 되었기 때문이 아닙니다. 그것은, 니체가 말하길, 이 충동들이 서로 싸웠고, 서로를 상처 입히는 전쟁상태에 있기 때문입니다. 그러한 전쟁상태에 일시적인 안정화가 이루어져 충동들이 일종의 단절 상태에 이를 때, 거기서 인식이 "두 검의 맞부딪힘이 일으키는 불꽃"처럼 출현하는 것입니다.

　　그러므로 인식에는 대상에의 합치, 동화의 관계란 없으며, 오히려 간극과 지배의 관계가 있습니다. 인식 속

32

에는 행복이나 사랑 같은 것이 아니라 증오와 적개심이 있습니다. 통일이 있는 게 아니라 위태로운 권력 체계가 있습니다. 서양철학에서 전통적으로 등장해온 거대한 테마들이 방금 인용한 니체의 텍스트 속에서 전면적으로 되물어지는 것입니다.

서양철학은—이번에는 반드시 데카르트를 참조할 필요가 없고, 플라톤Platon까지 거슬러 올라갈 수 있는데요—인식을 항상 로고스중심주의로, 유사성으로, 합치로, 지복으로, 그리고 통일성으로 특징지어왔습니다. 이 모든 거대한 테마들이 지금, 되물어지고 있습니다. 여기서 우리는 니체가 왜 스피노자를 인용했는지를 이해할 수 있는데, 왜냐하면 스피노자는 서양의 모든 철학자 중에서 합치와 지복과 통일로서의 인식이라는 생각을 가장 멀리 밀고 나간 사람이었기 때문입니다. 니체는 인식의 근원에, 중심에 증오나 투쟁, 권력관계 같은 것을 놓습니다.

따라서 우리는 니체가 왜, 인식을 항상 합치, 사랑, 통일, 평화의 형식 아래에서 사유하는 철학자가 사실은 인식의 본성에 대해 가장 쉽게 오해하는 자라고 말했는지 알 수 있습니다. 그런데 인식이 뭔지 알고자 한다면, 철학자의 고유한 생활 형태와 존재 형태, 그리고 그들의 금욕 형태에 접근해서는 안 됩니다. 인식이 어떤 것인지를 정말

33

로 알려면, 그것의 근원, 그것의 제작에서부터 인식이 무엇인지 파악하려면, 철학자가 아니라 정치가에게 접근해야 합니다. 투쟁관계와 권력관계가 어떤 것인지 이해해야 합니다. 이 투쟁관계와 권력관계 안에서만, 사태들과 인간들이 서로 미워하고 싸우고 서로를 지배하려 하며 서로에게 권력관계를 행사하려고 하는 그 방식을 통해서만, 인식이 도대체 무엇인지를 우리는 이해할 수 있습니다.

그리고 이런 종류의 분석이 어떻게 우리를 인식과 인식의 사태들, 그리고 인식 주체의 정치적 역사로 효과적으로 인도하는지를 알 수 있습니다.

그런데 이런 반박이 있을 수 있습니다. "매우 훌륭한 이야기이나, 그것은 니체가 아니다. 니체가 그런 말을 했다고 당신더러 믿게 한 것은 도처에서 권력관계를 찾아내고 인식의 역사나 진리의 역사에까지 저 정치라는 차원을 끌어들이고자 하는 당신의 망상과 강박관념이다."

두 가지를 답하겠습니다. 우선 제가 니체의 이 텍스트를 선택한 것은 제 관심사에 따른 것이지 '이것이 니체의 인식 개념이었다'를 보여주기 위한 것이 아닙니다. 왜냐하면 니체의 텍스트 중에는 이 주제와 관련하여 꽤 모순되는 것들도 많으니까요. 다만 저는 제가 '진리의 정치'라고 부를 것에 대한 역사적 분석에 모델로 쓸 만한 요

진리와 법적 형태들

소들이 니체한테 몇 가지 있다는 것을 보여주려 했습니다. 이것은 실제로 우리가 니체에게서 발견할 수 있는 모델이며, 제 생각에 이것은 그의 저작에서 그의 인식 개념의 일견 모순된 요소들을 이해할 때에도 가장 중요한 모델 중 하나입니다.

실제로 인식의 발견을 얘기함으로써 니체가 의도한 것이 바로 이것이라고 인정한다면, 인식은 인식의 배후에 있는 이 모든 관계들의 특정한 방식의 결과일 뿐이라고 한다면, 우리는 니체의 몇 가지 텍스트를 이해할 수 있습니다.

우선 니체가 '인식 그 자체란 없다'라고 단언하는 텍스트들입니다. 여기서 다시 한번 칸트를 생각해야 합니다. 두 철학자를 붙여놓고 그들의 모든 차이를 확인해야 합니다. 칸트의 비판이 되물은 것은 즉자l'en-soi에 대한 인식, 진리에 대한 인식 또는 실재 그 자체réalité en soi에 대한 인식의 가능성이었습니다. 니체는 『도덕의 계보』에서 이렇게 말합니다. "철학자 여러분, 그러므로 앞으로 더욱 더 '순수 이성'이라든가 '절대 정신'이라든가 '인식 그 자체' 같은 모순된 개념들의 촉수들을 경계합시다."[13] 또,

---

13   『도덕의 계보』 제3논문 '금욕주의적 이상이란 무엇을 의미하는가?' 12절.

35

『권력에의 의지Der Wille zur Macht』에서는 '존재 그 자체란 없으며, 마찬가지로 인식 그 자체도 있을 수 없다'라고 단정하고 있습니다.[14] 그리고 이렇게 말할 때, 니체는 칸트가 인식 그 자체라는 말로 이해한 것과 완전히 다른 것을 가리키고 있습니다. 니체는 인식의 본성이니, 인식의 본질, 인식의 보편적 조건 같은 것은 없으며, 인식은 언제나 매번, 인식의 질서에 속하지 않는 조건들의 역사적이고 일시적인 결과라고 말하려 하는 것입니다. 인식은 사실 활동이라는 기호 아래 놓일 수 있는 사건입니다. 인식은 하나의 능력도, 보편적 구조도 아닙니다. 그것이 보편적이라고 간주될 수 있는 일정한 요소들을 이용하고 있을 때조차도, 인식은 결과, 사건, 효과의 질서에 속합니다.

이렇게 해서 우리는 니체가 '인식은 관점적 성격을 갖는다'라고 단언한 일련의 텍스트들을 이해할 수 있습니다. 니체가 인식은 언제나 하나의 관점이라고 말할 때, 이는 칸트주의와 경험론의 혼합 같은 것, 그러니까 '인간

Nietzsche (F.), *La Généalogie de la morale, op. cit.*, p. 309[프리드리히 니체, 『선악의 저편 · 도덕의 계보』, 483쪽].

14 *Id., La Volonté de puissance* (1885-1888; trad. G. Bianquis), t. I, livre I: *Critique des valeurs supérieures, rapportées à la vie*, § 175, p. 92[프리드리히 니체, 『유고 1885년 가을–1887년 가을』(니체전집 19), 이진우 옮김, 책세상, 2005, 173~174쪽; 프리드리히 니체, 『권력에의 의지』, 강수남 옮김, 청하, 1988, 341쪽].

진리와 법적 형태들

에게서 인식은 인간 본성이나 인간 신체에서 파생된 일정한 한계들과 조건들 또는 인식 자체의 구조의 한계들과 조건들에 의해 제한을 받는다'라는 말을 하는 것이 아닙니다. 인식의 관점적 성격을 말할 때, 니체는 인식은 다양한 본질을 가진 다수의 행위들이라는 형식 아래에서만 있을 수 있다는 사실을 말하고자 하는 것입니다. 그 행위들에 의해 인간 존재는 일정한 사태들을 폭력적으로 장악하고, 일정한 상황들에 반응하며, 거기에 힘 관계들을 부과하는 것입니다. 즉, 인식이란 항상 인간이 그 안에 자리 잡고 있는 특정한 전략적 관계입니다. 이 전략적 관계가 인식의 효과를 규정하게 됩니다. 치우치지 않은, 기울어지지 않은, 관점적이지 않은 인식을 상정하는 것이 전혀 이치에 맞지 않는 것은 이 때문입니다. 인식의 관점적 성격은 인간 본성이 아니라 인식의 논쟁적이고 전략적인 성격에서 기인하는 것입니다. 인식의 관점적 성격을 말할 수 있는 것은 전투가 있기 때문이며, 인식은 그 전투의 효과이기 때문입니다.

이런 까닭에 니체는 '인식은 가장 일반화하는 것인 동시에 가장 개별적인 것'이라는 생각으로 부단히 회귀합니다. 인식은 도식화하고, 차이들을 무시하고, 사태들을 동일화합니다. 그런데 여기에는 실제로 어떤 근거도 없습니다. 이 점에서 인식은 항상 오인méconnaissance입니다. 또 다른 한편으로, 인식은 짓궂게, 음험하게, 그리고 공격적으로, 개인들과 사태들과 상황들을 노리는 무엇입니다. 인식은 인간과 그가 인식하는 것 사이에 대결tête-à-tête,[15] 개별적인 싸움, 결투 같은 것이 획책되고 수립되는 한에서만 존재합니다. 인식 안에는 항상, 결투의 질서에 속하면서 인식을 항상 개별적인 것으로 만드는 무언가가 있습니다. 이것이 니체의 일견 서로 모순되는 여러 텍스트에서 규정하고 있는, '일반화하는 동시에 항상 개별적인'이라고 하는 인식의 모순된 성격인 것입니다.

이렇게 니체의 텍스트를 통해, 인식에 대한 일반이론이 아니라 앞으로의 강연에서 다룰 대상에 가까이 가기 위한 모델을 재구성할 수 있습니다. 즉, 몇몇 지식의 영역이 사회 안에서 힘 관계와 정치적 관계들로부터 형성된다는 문제입니다.

여기서 다시 출발점으로 돌아가 보겠습니다. 대학이라는 환경이 마르크스주의에 대해 갖는 관념 안에는, 또는 대학에서 강요되고 있는 마르크스주의의 특정한 관념 속에는 항상 분석의 근저에 힘 관계, 경제적 조건들,

---

15   원문에 프랑스어로 표기(편집자).

진리와 법적 형태들

사회적 관계들이 개인들에게 미리 주어져 있고 동시에 그것들이—오류로 간주되는 이데올로기들과의 관계를 제외하면—언제나 동일한 채로 머무는 인식 주체에게 강요된다는 생각이 있습니다.

이리하여 우리는 매우 중요하면서도 성가신, 이데올로기라는 개념에 이르게 됩니다. 전통적인 마르크스주의적 분석들에서 이데올로기는 인식 주체에게 외부로부터 부과되는 생존의 조건들이나 사회적 관계들, 그리고 정치적 형태들 등을 통해, 주체와 진리 사이의 관계 또는 단순히 인식 관계를 혼란스럽고 불분명하게 만들고 또 그것이 은폐되게 하는 부정적인 요소입니다. 이데올로기란 권리상 진리에 열려 있어야 할 인식 주체에 새겨진, 존재의 정치적 조건들 또는 경제적 조건들의 자국이며 낙인입니다.

제가 이 강연에서 보여드리고 싶은 것은 실제로 어째서 존재의 정치적 또는 경제적 조건이 인식 주체에게 어떤 장막이나 장애물이 아니라 '그것을 통해 인식 주체가, 따라서 진리 관계들이 형성되는 무엇'인지입니다. 어떤 인식 주체의 유형들, 어떤 진리 질서들, 어떤 지식의 영역들이란 오직 주체, 지식의 영역들, 그리고 진리와의 관계들이 형성되는 토양인 정치적 조건들로부터만 존재할 수 있습니다. 이러한 절대적인 기원으로서의 인식 주체라는 테마들을 벗어나야만, 그리고 경우에 따라서 니체적 모델을 이용함으로써만 우리는 진리의 역사를 쓸 수 있을 것입니다.

저는 사법적 실천에서 출발하여 이러한 역사에 대한 몇 가지 소묘를 제시하려고 합니다. 왜냐하면 오늘날의 사회에서도 여전히 유통되고 있고 여전히 강제되며, 정치 영역과 일상적인 행동의 영역뿐 아니라 과학적 질서의 영역에서까지 유효성을 발휘하고 있는 진리의 모델들이 바로 그곳에서 탄생했기 때문입니다. 정치적 구조들은 인식 주체에게 외부로부터 부과(강제)되는 것이 아니라 그것들 자체가 인식 주체를 구성하는데, 그러한 구조들에 의거해서 형성된 진리 모델들이 과학 영역에서도 발견됩니다.

진리와 법적 형태들

오늘 여러분께 말씀드리려는 것은 오이디푸스 이야기입니다. 1년 전부터 상당히 한물가버린 주제지요. 지그문트 프로이트Sigmund Freud가 오이디푸스를 이야기한 이후, 그것은 우리의 욕망과 무의식에 대한 가장 오래된 이야기라고 생각되어왔습니다. 그런데 작년에 질 들뢰즈Gilles Deleuze와 펠릭스 가타리Félix Guattari의 『안티 오이디푸스 L'Anti-Oedipe』[1]가 출간된 이후, 오이디푸스를 참조하는 것은 지금까지와는 전혀 다른 역할을 하게 됐습니다.

들뢰즈와 가타리는 아버지-어머니-아들이라는 오이디푸스의 삼각형이 무시간적인 진리를 드러내는 것도, 우리의 욕망의 심오한 역사적 진리를 나타내는 것도 아님을 보여주려 했습니다. 그들은 저 유명한 오이디푸스의 삼각형이 정신분석 치료에서 욕망을 억제하는 방식을 형성한다는 것, 즉 욕망이 우리를 에워싼 세계와 역사적 세계에 투여되거나 퍼지지 않도록, 그래서 욕망이 가족

---

1   Gilles Deleuze et Félix Guattari, *Capitalisme et Schizophrénie*, t. I: *L'Anti-Oedipe*, Paris, Éd. de Minuit, 1972[질 들뢰즈·펠릭스 가타리, 『안티 오이디푸스: 자본주의와 분열증』, 김재인 옮김, 민음사, 2014].

43

의 내부에 머물도록, 그러면서 그것이 아버지, 어머니, 자식 사이에서 벌어지는 거의 부르주아적인 소극小劇으로서만 전개되도록 정신분석가가 조작을 행하는 방식이라는 것을 보여주려 했습니다.

오이디푸스는 따라서 자연의 진리가 아니라, 프로이트 이후 정신분석가가 욕망을 억제하고 욕망이 특정한 시기에 우리 사회가 규정한 가족 구조 안에 들어가도록 하는 제한과 구속의 장치라는 겁니다. 다시 말해 오이디푸스는, 들뢰즈와 가타리에 따르면, 우리의 무의식의 비밀스러운 내용이 아니라 정신분석이 치료를 통해 우리의 욕망과 무의식에 부과하려고 하는 구속의 형태입니다. 오이디푸스는 권력의 도구이며, 의료적 권력과 정신분석적 권력이 욕망과 무의식에 영향을 미치는 특정한 방식입니다.

솔직히 이런 문제에 저도 매우 끌립니다. 저도 사람들이 주장하는 오이디푸스 이야기의 내용 뒤에서, 우리의 욕망과 무의식에 대한 무한정한 그리고 부단하게 되풀이되는 이야기가 아니라 권력에 대한 이야기, 정치적 권력에 대한 이야기를 탐구하고 싶은 생각에 사로잡힙니다.

딴 얘기를 조금 하자면, 제가 말하려는 것이나 그보다 한층 깊게 들뢰즈가 『안티 오이디푸스』에서 보여주려

진리와 법적 형태들

고 한 것은 어떤 연구의 전체의 일부를 이루는 것으로, 언론에서 말하는 것과는 반대로, 전통적으로 '구조'라고 불리는 것과는 관계가 없습니다. 들뢰즈도 장프랑수아 리오타르Jean-François Lyotard도 가타리도 저도 구조 분석을 한 것이 아니며, 우리는 '구조주의자'가 전혀 아닙니다. 제가 하고 있는 것이나 저보다 훌륭하게 그들이 하고 있는 것이 무엇이냐고 묻는다면, 우리는 구조에 대한 연구를 하는 게 아니라고 대답하겠습니다. 말장난으로 '왕조dynastie² 연구를 하고 있다'고 말할지도 모릅니다. 그리스 단어 '뒤나미스 뒤나스테이아δύναμις δυναστεία'(정치권력)로 말장난을 하면서, 우리는 우리 문화사에서 오늘날까지 가장 숨겨진, 가장 은폐되고 우리가 가장 깊이 집착한 것, 즉 권력관계들이 드러나도록 애쓰고 있다고 말이죠. 이상하게도, 우리 사회의 경제 구조들은 정치권력의 구조들보다 더 잘 알려져 있고, 더 잘 분류되고 정리되어 있으며, 더 노출되어 있습니다. 이번의 일련의 강연에서 저는 정치적 관계들이 어떤 방식으로 수립되었고 그것들이 어떤 방식으로 우리 문화에 깊이 투여되어 있

---

2   [옮긴이] 현대 프랑스어에서 dynastie는 '왕조'를 뜻하나, 지배 체계 또는 통치권을 가리키는 그리스어 단어 뒤나스테이아(δυναστεία)를 어원으로 갖는다.

45

는지를 보여드리고 싶습니다. 우리 문화에는 경제 구조나 경제적 생산관계가 아니라 우리 존재의 모든 흔적을 포위하고 있는 정치적 관계들에 결부시켜야만 설명이 되는 일련의 현상들이 있습니다.

제가 보여주고 싶은 것은 소포클레스의 작품에서 우리가 읽을 수 있는 오이디푸스의 비극—이 작품이 어떤 신화적 토대를 갖고 있느냐는 문제는 여기서 논외로 하겠습니다—이 우리의 문명을 여전히 규정하고 있는 권력과 지식 사이의, 그리고 정치권력과 인식 사이의 어떤 특정한 관계를 어떻게 표상하며 어떤 의미에서는 그것을 창설하는지입니다. 저는 오이디푸스 콤플렉스가 우리의 문명 속에 실제로 있다고 봅니다. 그렇지만 그것은 우리의 무의식이나 욕망에 관련된 것도, 욕망과 무의식 사이의 관계에 관련된 것도 아닙니다. 오이디푸스 콤플렉스라는 게 있다면, 그것은 개인 수준에서가 아니라 집단의 수준에서, 욕망과 무의식에 관련해서가 아니라 권력과 지식에 관련해서 작용하는 것입니다. 제가 분석하려는 것은 이런 종류의 '콤플렉스'입니다.

비극 『오이디푸스 왕Oedipus Tyrannus』[3]은 기본적으로

---

3   Sophocle, *Oedipe roi* (trad. P. Masqueray), Paris, Les Belles Lettres,

진리와 법적 형태들

는 그리스의 사법적 실천들에 대한 우리가 가진 최초의 증언입니다. 모두가 알다시피 이 이야기는 진실을 모르는 사람들—왕과 민중—이 앞으로 다루게 될 일련의 기법에 의해, 왕의 왕권 자체에 문제를 제기하는 진실을 발견하는 데 성공한다는 이야기입니다. 비극『오이디푸스 왕』은 그래서 진실 탐색에 대한 이야기입니다. 그것은 당시 그리스의 사법적 실천들을 정확히 따르는 진실 탐색의 과정〔절차〕입니다. 따라서 처음에 제기되는 문제는 상고기 그리스에서 진실의 사법적 탐색이란 어떤 것이었는가를 아는 것입니다.

그리스의 사법적 절차에서 진실 탐색에 대해 얻을 수 있는 최초의 증언은『일리아드Iliad』로까지 거슬러 올라갑니다. 파트로클로스Πάτροκλος의 죽음을 맞이해 개최된 대회에서 안틸로코스Αντίλοχος와 메넬라오스Μενέλαος가 대결하는 분쟁différend의 이야기입니다.[4] 이 대회에는 전차 경기가 있는데, 통례대로 경계석에 최대한 가깝게 경

«Collection des universités de France», 1940[소포클레스, 「오이디푸스 왕」, 『소포클레스 비극 전집』(2판), 천병희 옮김, 숲, 2017].

4   Homère, *Iliade*, t. IV, chant XXIII, 262-652 (trad. P Mazon), Paris, Les Belles Lettres, «Collection des universités de France», 1938, pp. 108-123[호메로스, 『일리아스』(2판), 천병희 옮김, 숲, 2015, 654~669쪽].

47

기장의 트랙을 왕복하는 것입니다. 주최 측은 이곳에 경쟁의 적정성을 관리할 책임자를 배치했는데요, 호메로스는 그에 대해 직접적으로 거론하지는 않지만, 그는 증인, ἵστωρ, 보기 위해 거기에 있는 자라고 말합니다. 경기가 시작되고, 반환점에서 선두에 있는 것은 안틸로코스와 메넬라오스입니다. 그런데 이 상황에서 반칙이 벌어지고, 안틸로코스가 결승선에 일등으로 들어오자, 메넬라오스가 이의를 제기하면서 판정단 또는 심판에게 안틸로코스가 반칙을 해서 얻은 상을 자신에게 주어야 한다고 말합니다. 이의제기, 분쟁이 일어난 상황에서 진실을 어떻게 정할까요? 이상하게도, 호메로스의 이 텍스트에서는 본 자, 경계석 쪽에서 무슨 일이 일어났는지를 확인했을 터인 그 유명한 증인을 호출하지 않습니다. 그는 증언을 하기 위해 호출되지 않으며, 또한 그는 어떤 질문도 받지 않습니다. 메넬라오스와 안틸로코스, 이 두 대립하는 자들 사이의 이의제기가 있을 뿐입니다. 그것은 이런 식으로 전개됩니다. 메넬라오스가 "너는 반칙을 저질렀다"고 항의하자, 안틸로코스가 "나는 반칙을 하지 않았다"고 반박합니다. 그러자 메넬라오스가 도전합니다. "네 오른손을 말의 이마에 얹고, 왼손에 채찍을 들고, 반칙을 저지르지 않았다고 제우스 앞에 맹세하라." 이때 안틸로

진리와 법적 형태들

코스는 시련[5]인 이 도전 앞에서, 시련을 포기하고, 맹세하기를 포기하고, 그럼으로써 자신이 반칙을 저질렀다고 인정합니다.[6]

이는 진실을 산출하는, 법적 진실을 확립하는 독특한 방법입니다. 증인을 통한 것이 아니라 일종의 시련인 게임에 의해, 한쪽에서 상대에게 던진 도전의 게임을 통한 것입니다. 한쪽이 도전하면 반대쪽은 위험을 받아들이든지 포기하든지 해야 합니다. 만약 상대가 위험을 받아들인다면, 만약 그가 실제로 맹세를 한다면, 그다음 일의 책임, 진실의 최종적인 발견은 곧바로 신들의 몫이 됩니다. 만약 맹세가 거짓으로 이루어졌다면, 제우스가 거짓 맹세를 한 자를 벌하면서 벼락과 함께 진실이 드러나도록 합니다.

이것이 바로 진실의 사법적 확립이 사실 확인이나 증언, 조사나 심문에 의해서가 아니라 시련의 게임에 의해 이루어지는, 매우 낡고도 오래된 진실의 시련 실천입니다. 시련은 상고기 그리스에 특징적인 것이지만, 중세 초기에서도 또한 발견됩니다.

---

5   원문에 프랑스어로 표기(편집자).

6   *Ibid.*, 581-585, p. 121[호메로스, 『일리아스』, 667쪽].

49

오이디푸스와 테바이 도시 전체가 진실을 찾던 때, 그들이 이러한 모델을 사용하지 않았다는 것은 명백합니다. 이미 수 세기가 지났으니까요. 그럼에도 흥미롭게도 소포클레스의 비극 속에서도 여전히 시련에 의해 진리가 확립되는 모습의 잔재를 한두 가지 발견할 수 있습니다. 먼저 크레온과 오이디푸스의 장면입니다. 오이디푸스는 처남이 델포이의 신탁의 답변을 누락했다고 비난하며 말합니다. "너는 단지 내 권력을 빼앗기 위해서, 내 자리를 차지하기 위해서 그 모든 것을 날조했다." 이에 대해 크레온Creon이 반박할 때, 그는 증인을 통해 진실을 확립하려 하지 않습니다. "그러면 맹세하겠습니다. 저는 당신에 대해 어떤 음모도 꾸미지 않았다고 맹세합니다." 이것을 이오카스테Ιοκαστη의 면전에서 말하고, 이오카스테는 게임을 받아들임으로써 게임의 적정성에 대한 책임자가 됩니다. 크레온은 전사들 사이의 계쟁litige의 오랜 형식을 따라 오이디푸스에게 응대하고 있는 것입니다.[7]

둘째, 이 극에서는 전체적으로 도전과 시련의 이러한 체계가 발견된다고 말할 수 있습니다. 오이디푸스는

7   Sophocle, *op. cit.*, 642-648, p. 164[『소포클레스, 「오이디푸스 왕」, 『소포클레스 비극 전집』(2판), 54~55쪽]. [이하에서 설사 따옴표 표시가 있더라도 대부분 직접인용이 아니라 푸코가 바꾸어 쓴 표현들이다.]

테바이에 페스트가 창궐한 원인이 테바이의 오점과 살인에 대한 신들의 저주 때문이라는 사실을 알았을 때, 이러한 죄를 저지른 자를 추방하겠다고 약속합니다. 당연히 자기 자신이 그러한 죄를 저질렀다는 사실을 모른 채 말이죠. 그래서 그는 상고기의 전사들처럼, 경쟁자들이 서로의 약속과 저주의 맹세 안에 들어가게 되는 것과 똑같은 방식으로 자기 자신의 맹세에 의해 연루됩니다. 이 낡은 전통의 잔재는 극 전체를 통해서 몇 번인가 나타납니다. 그러나 사실 오이디푸스의 비극 전체는 이것과는 완전히 다른 메커니즘에 바탕을 두고 있습니다. 제가 밝히고 싶은 것은 진실을 확립할 때의 이 메커니즘입니다.

이 진실 메커니즘은 처음에는 어떤 법칙, 우리가 절반의 법칙이라 부를 수 있을 일종의 순수 형식을 따르고 있는 것처럼 보입니다. 『오이디푸스 왕』에서 진실의 발견은 절반들이 서로 조합되고 맞물리면서 진행됩니다. 오이디푸스는 델포이의 신 아폴론에게 사자를 보내 신탁을 구합니다. 아폴론의 대답은 자세히 살펴보면 두 부분으로 이루어져 있습니다. 아폴론은 우선 이렇게 말합니다. "나라는 오점에 물들어 있다." 이 최초의 대답에는 말하자면 절반이 결여되어 있습니다. 오점이 존재합니다. 그렇지만 누가 오점을 남겼고 누구에 의해 오점을 쓰게 된 것일까요? 따라서 두 번째 질문이 제기될 수밖에 없습니다. 오이디푸스는 크레온에게 오점이 무엇에 의한 것이냐고 물으면서 두 번째 대답을 추궁합니다. 두 번째 절반은 이것이었습니다. 오점은 살인에 의한 것이라고. 하지만 살인은 두 가지를 의미합니다. 즉 누군가가 살해를 행했고 누군가가 살해되었다는 것. 사람들은 아폴론에게 묻습니다. "누가 살해되었는가?" 대답은 "선왕인 라이오스Λάιος"입니다. 또 묻습니다. "누가 그를 살해했는가?" 이때 아폴론 왕은 대답을 거부합니다. 그런데 오이디푸스가 말하듯, 신들이 진실을 말하도록 강요할 수는 없습니다. 따라서 절반은 결여된 채 남습니다. 오점에는 살해의 절반만이, 즉 '누가 살해되었는가'가 대응됩니다. 두 번째 절반인 살인자의 이름은 누락되어 있습니다.

살인자의 이름을 알기 위해서는 신들의 의지를 강제할 수 없는 한 무엇인가에, 누군가에게 기대야만 합니다. 이 누군가, 아폴론의 분신, 그의 인간적 분신, 죽음을 면할 수 없는 그의 그림자, 그것이 점술사 테이레시아스입니다. 그는 아폴론처럼 신성한 자, 테이오스 만티스theios mantis, 즉 신성한 점술사입니다. 그는 너무도 아폴론에 가까우며, 그도 역시 아낙스anax, 즉 왕으로 불립니다. 하

진리와 법적 형태들

지만 아폴론이 불멸인 것과 달리 그는 사멸하는 몸입니다. 또한 아폴론이 태양의 신이라면 그는 눈멀었으며, 밤 속에 던져져 있습니다. 그는 신적 진실의 그림자로서의 절반이며, 빛-신이 지상의 어둠 속에 던져버린 분신입니다. 이 절반은 질문을 받게 됩니다. 이제 테이레시아스가 오이디푸스에게 답합니다. "라이오스를 죽인 것은 너다."

그러므로 『오이디푸스 왕』의 두 번째 장면에서부터 모든 것이 말해지고 표현되고 있다고 말할 수 있습니다. 진실은 손에 들어옵니다. 왜냐하면 오이디푸스는 한편으로 아폴론의 대답으로, 다른 한편으로 테이레시아스의 대답으로 구성된 전체에 의해서 실제로 지목되기 때문입니다. 오점과 살인, 죽인 자와 죽은 자라는 "절반의 게임"이 완성됩니다. 이제 모든 것이 갖춰졌습니다. 그러나 이는 점술prophétie, 예언prédiction, 처방prescription이라는 매우 특수한 형태 아래에서입니다. 점술사 테이레시아스는 오이디푸스에게 "죽인 것은 너다"라고 정확하게 말하지 않습니다. 그는 "너는 살인자를 추방하겠다고 약속했다. 나는 너에게 너의 그 맹세를 지켜 너 자신을 추방하라고 명한다"라고 말합니다. 마찬가지로 아폴론도 정확하게 "도시가 페스트에 빠진 것은 오점 때문이다"라고 말하지 않았습니다. 아폴론은 "만일 페스트가 끝나기를 바

53

란다면, 너는 오점을 씻어내야 한다"라고 말합니다. 그 모
든 것은 미래형으로, 처방의 형태로, 예언의 형태로 말해
졌습니다. 아무것도 현재의 현행적 상황과 연결되지 않
았으며, 아무것도 직접적으로 지목되지 않았습니다.

　　우리는 진실의 모든 것을 손에 쥐고 있으나, 이는 신
탁과 점술사에 특징적인 처방과 예언의 형태로서입니다.
어떤 면에서 보면 완전하고, 전면적이며, 모든 것이 말해
진 이 진실에는 그럼에도 불구하고 현재의 차원, 현행성
의 차원, 누군가를 지목하는 차원이 결여되어 있습니다.
거기에는 실제로 일어난 일에 대한 증언이 결여되어 있습
니다. 신기하게도 이 오랜 이야기는 모두 점술사와 신들
에 의해 미래형으로 말해지고 있는 것입니다. 우리에게는
이제 현재가 필요하고 과거에 대한 증언이 필요합니다.
즉, 실제로 일어난 일에 대한 현재의 증언 말입니다.

　　이 두 번째 절반, 처방과 예견prévision의 과거와 현재
는 극의 나머지 부분에서 주어집니다. 그것 역시 이상
한, 절반의 게임에 의해 주어집니다. 우선 누가 라이오스
를 죽였는가를 분명하게 가려야 합니다. 그것은 극의 도
중에 두 개의 증언을 조합함으로써 획득됩니다. 첫 번째
증언은 이오카스테에 의해 자발적으로, 그것도 부주의
에 의해 주어집니다. 그녀는 이렇게 말합니다, "라이오스

54

를 죽인 것은 오이디푸스, 당신이 아니라는 것은 당연합니다. 점술사는 그렇게 말하지 않았지만요. 그 명백한 증거는 라이오스가 세 갈래 길의 교차 지점에서 여러 명의 사내에 의해 죽임을 당했다는 것입니다." 이 증언에 오이디푸스의 불안이, 그것도 이미 거의 확신에 가까운 불안이 대답합니다. "세 갈래 길의 교차 지점에서 사람을 죽인 것, 그것은 정확히 내가 한 일이지 않은가. 테바이에 도착했을 때 나는 삼거리에서 한 남자를 죽였지." 이리하여 이오카스테의 기억과 오이디푸스의 기억이라는 서로 보완하는 두 절반들의 게임에 의해 우리는 거의 완전한 진상을, 라이오스의 살인에 대한 진상을 손에 쥐는 것입니다. 저는 거의 완전하다고 말했습니다. 아직 조각 하나가 결여되어 있기 때문입니다. 즉, 라이오스가 한 명에게 죽임을 당했느냐 아니면 여러 명에게 죽임을 당했느냐는 건데요, 이 문제는 극에서는 풀리지 않습니다.

그러나 이것은 오이디푸스 이야기의 절반에 불과합니다. 왜냐하면 오이디푸스는 라이오스 왕을 죽인 인물일 뿐 아니라 자기 아버지를 죽이고 그 후에 자신의 어머니와 결혼한 인물이기 때문입니다. 이야기의 이 두 번째 절반은 이오카스테와 오이디푸스의 증언이 조합된 후에도 아직 결여되어 있습니다. 그리고 정확히 이 결여가 그들에게 일말의 희망을 줍니다. 왜냐하면 신은 라이오스가 누군가에게 죽임을 당한다고 예언한 것이 아니라 그의 아들에게 죽임을 당한다고 예언했기 때문입니다. 그러므로 오이디푸스가 라이오스의 아들이라고 증명되지 않는 한, 예언은 실현된 것이 되지 않습니다. 예언의 전체가 확립되려면 이 두 번째 절반이 필요한데, 그것은 극의 마지막 부분에서 두 개의 상이한 증언의 접합으로 이뤄지게 됩니다. 하나는 오이디푸스에게 폴뤼보스의 죽음을 알리러 온 코린토스의 노예의 증언입니다. 오이디푸스는 아버지의 죽음에 눈물을 흘리는 것이 아니라 기뻐합니다. "아아! 그러나 적어도 예언과는 달리 내가 그를 죽이지는 않았다"고. 그러자 노예는 말합니다, "폴뤼보스는 당신의 아버지가 아닙니다."

이렇게 우리는 새로운 사실을 알게 됩니다. 오이디푸스는 폴뤼보스의 아들이 아니라는 것 말입니다. 여기서 마지막 노예가 등장합니다. 그는 비극 후에 키타이론으로 도망가 자신의 오두막에 틀어박혀 진실을 숨기고 있었던 양치기입니다. 사람들이 그를 불러 무슨 일이 있었던 것인지 묻자 그는 이렇게 대답합니다. "확실히, 오래전에 이오카스테의 궁전에서 온 아이를 이 사신에게 맡긴 일이 있습니다. 이오카스테의 아이라고 했습니다."

여기서 아직 마지막 확증이 결여되어 있다는 것을 알 수 있습니다. 왜냐하면 이오카스테가 없기에, 그녀가 아이를 그 노예에게 맡겼다는 것을 확인할 수 없기 때문입니다. 하지만 이 작은 문제를 제외하고는 이제 고리는 완성되었습니다. 우리는 오이디푸스가 라이오스와 이오카스테의 아들이며, 폴뤼보스에게 맡겨졌으며, 자신을 폴뤼보스의 아들로 알고 예언을 피하려고 테바이—그곳이 조국인지는 모른 채—로 갔으나, 세 갈래 길의 교차 지점에서 자신의 친아버지인 라이오스 왕을 죽이고 말았다는 것을 압니다. 고리는 닫혔습니다. 고리는 서로 맞물리는 절반들이 끼워 맞춰짐으로써 닫힌 것입니다. 마치 예언으로부터 도망친, 예언에 의해 추방된 이 아이의 길고 복잡한 이야기 전체가 둘로 쪼개져 있으며, 그 각 조각이 또한 둘로 쪼개지며, 그 모든 조각이 상이한 인물들의 손에 분배되어 있는 것과 같습니다. 신과 그의 예언자의 결합, 이오카스테와 오이디푸스의 결합, 코린토스의 노예와 키타이론의 노예의 결합, 이 모든 절반과 절반의 절반들이 서로 맞물리고 조정되고 서로 끼워맞춰지면서 마침내 이야기의 전체적인 윤곽이 재구성된 것입니다.

소포클레스의 『오이디푸스 왕』의 참으로 인상 깊은 이러한 형식은 단순한 수사법적 형식이 아닙니다. 그것

57

은 종교적이면서 정치적입니다. 그것은 유명한 기법인 쉼볼론 συμβολον, symbolon, 즉 그리스적 상징을 이룹니다. 이는 비밀이나 권력을 가진 자로 하여금 하나의 도자기를 둘로 쪼개 한쪽은 자신이 가지고 다른 한쪽은 메시지를 전달하거나 자신의 진정성을 증명해야 할 누군가에게 주도록 하는 권력의 도구, 권력 행사의 도구입니다. 두 반쪽의 맞물림에 의해 메시지의 진정성, 즉 행사되는 권력의 연속성이 인정될 수 있는 것입니다. 그 형상이 일반적으로 권력을 나타내며 하나의 독특한 전체를 이루는 도자기의 둘로 쪼개진 조각들의 게임 덕분에 권력이 현시되고, 권력은 제 고리를 완성하며 자신의 통일성을 유지합니다. 오이디푸스 이야기란 이 작은 조각의 파편화로서, 그것의 완전한, 재결합된 소유가 권력의 보유를 정당화하고 권력에 의해 주어진 명령들을 정당화합니다. 그가 보내고 다시 돌아올 메시지들과 사신들은 그들 각각이 그 조각의 파편을 가지고 있고 그것을 다른 파편들과 맞물릴 수 있다는 사실로써 그것들과 권력의 연결을 정당화합니다. 이것이 그리스인이 쉼볼론, 즉 상징이라고 부른 것의 법적, 정치적, 종교적 기법입니다.

소포클레스의 비극에서 재현되는 오이디푸스 이야기는 이 쉼볼론, 즉 수사학적 형식이 아니라 권력 행사에

진리와 법적 형태들

관련된 종교적이고 정치적이며 거의 마술적인 형식을 따릅니다.

그런데 절반들이 파편화되고 마침내 맞물리게 되는 이 메커니즘의 형식이 아니라 이러한 상호 맞물림들에 의해 발생하는 효과를 관찰해보면, 어떤 사태들의 연쇄가 보입니다. 우선, 절반들이 맞물리면서 발생하는 일종의 자리 이동déplacement입니다. 첫 번째 맞물리는 절반들의 게임은 아폴론과 점술사 테이레시아스의 게임으로서, 신들 또는 점술의 수준이었습니다. 이어서 두 번째로, 극의 중간 지점에서 나타나는 오이디푸스와 이오카스테의 맞물림은 왕 또는 주권자(군주)의 수준입니다. 마지막으로, 이야기를 완성하는 최후의 짝은 신이나 왕이 아니라 하인들과 노예들로 구성되어 있습니다. 폴뤼보스의 가장 비천한 노예와 숲속 가장 깊은 곳에 숨어 있던 키타이론의 양치기가 최후의 진실을 알리고 최후의 증언을 가져옵니다.

이렇게 우리는 기묘한 결과를 얻습니다. 극의 시작부에 예언으로서 말해진 것을 두 명의 양치기가 증언의 형태로 다시 말하게 됩니다. 그리고 극이 신들에서 노예들로 넘어가는 것과 마찬가지로, 진실의 언표행위의 메커니즘 또는 진실이 언표되는 형식이 변합니다. 신과 점

59

술사가 얘기할 때, 진실은 처방과 예언의 형태로, 태양신의 전능과 영원한 시선의 형식으로, 눈이 멀었음에도 과거와 현재와 미래를 보는 점술사의 시선이라는 형식 아래서 정식화됩니다. 극의 초반부에 오이디푸스와 코러스가 믿기 싫어하는 진실이 빛나도록 한 것은 이런 종류의 마술적-종교적 시선입니다. 더 낮은 수준에서도 우리는 시선을 발견할 수 있습니다. 두 명의 노예가 증언을 할 수 있었다면, 그것은 그들이 보았기 때문입니다. 한 명은 이오카스테가 자신에게 아이를 맡기고 숲에 데려가서 버려달라고 말하는 것을 봤습니다. 다른 한 명은 숲속에서 아이를 봤고, 아이를 데려간 노예가 그에게 아이를 건네는 것을 보며, 그 아이를 폴뤼보스의 궁궐로 데려간 것을 기억했습니다. 여기서도 시선이 관계하고 있습니다. 신과 그 점술사의 영원하고 빛나며 눈부시며 꿰뚫어 보는 듯한 위대한 시선이 아니라 자신들의 인간적인 눈을 통해 보고, 본 것을 기억하고 있는 인간의 시선입니다. 그것은 증인의 시선입니다. 호메로스가 안틸로코스와 메넬라오스의 갈등과 계쟁을 이야기할 때 참조하지 않았던 것은 바로 이 시선입니다.

그러므로 『오이디푸스 왕』 극 전체는 진실의 언표행위가 예언적이고 처방적인 담론 유형에서 회고적 담론

진리와 법적 형태들

유형으로, 예언의 질서에서 증언의 질서로 이행하는 한 방식이라고 말할 수 있습니다. 그것은 또한 진실의 광채, 신적이고 예언적인 진실의 빛이 양치기들의 이른바 경험적이고 일상적인 시선으로 이행하는 방식이기도 합니다. 양치기와 신은 대응합니다. 그들은 똑같은 것을 말하고 똑같은 것을 보지만, 서로 같은 눈과 언어를 갖고 있지는 않습니다. 비극 전체를 통틀어, 우리는 동일한 진실이 상이한 담론에서 상이한 말들을 통해, 상이한 시선을 통해 서로 다른 두 가지 방식으로 제시되고 정식화되는 것을 봅니다. 그러나 이 시선들은 서로 대응합니다. 양치기들은 신들에 정확히 응답하며, 양치기들은 신들에 부합한다(신들을 상징한다)고도 말할 수 있습니다. 양치기들이 말하는 것은 사실 신들이 다른 방식으로 이미 말한 것입니다.

거기에 비극 『오이디푸스 왕』의 가장 근본적인 특징 중 하나가 있습니다. 그것은 양치기들과 신들 사이의 소통, 인간의 기억과 신의 예언 사이의 소통입니다. 이 대응이 비극을 규정하며, 인간의 기억과 담론이 마치 신들의 위대한 예언의 경험적 여백처럼 상징적 세계를 수립합니다.

이것이 『오이디푸스 왕』에서 진실의 변천 메커니즘을 이해하기 위해 강조해야 할 점 중 하나입니다. 한편에

61

는 신들이 있으며 다른 한편에는 양치기들이 있습니다. 그런데 양자 사이에 왕들의 수준, 아니 더 정확히는 오이디푸스의 수준이 있습니다. 그의 지식의 수준은 어떤 것일까요? 그의 시선은 무엇을 의미할까요?

먼저 이 주제와 관련하여 몇 가지 바로잡을 것이 있습니다. 우리는 보통 극을 분석할 때 오이디푸스는 아무것도 몰랐고, 눈이 멀었었다고, 눈이 가려져 있었고 기억이 봉쇄되어 있었다고 얘기합니다. 왜냐하면 그는 세 갈래 길 교차 지점에서 왕을 죽인 자신의 소행에 대해서 한 번도 말하지 않았고, 그것을 잊어버린 것처럼 보였기 때문입니다. 오이디푸스는 망각의 인간, 비지식non-savoir의 인간, 프로이트에게는 무의식의 인간입니다. 오이디푸스라는 이름과 관련된 말장난들을 잘 알고 계실 것입니다. 그런데 이 말장난이 다양하게 존재한다는 것과 그리스인 자신들도 오이디푸스Οιδίπους 속에 이미 "보았다"와 "알다"를 동시에 의미하는 오이다Οιδα라는 단어가 들어있다는 것을 지적했다는 사실을 잊으면 안 됩니다. 저는 이 쉼볼론의 메커니즘 안에서, 서로 통하는 절반들의 메커니즘, 그리고 양치기들과 신들 사이의 응답의 게임의 메커니즘 속에서 오이디푸스는 모르는 자가 아니라 반대로 너무 많이 아는 자라는 것을 보여주고 싶습니다. 그는 자신의 지식과 권력을 비난받을 만한 방식으로 결합시키는 자라는 것, 그리고 『오이디푸스 왕』 이야기가 결국 이야기histoire로부터 추방하지 않으면 안 되었던 자라는 것을 보여주고 싶습니다.

소포클레스 비극의 제목 자체가 흥미롭습니다. 『오이디푸스』는 『오이디푸스 왕』, 『오이디푸스 튀란노스Oἰδίπους τύραννος』입니다. 튀란노스τύραννος는 번역하기 어려운 말입니다. '왕'이라는 번역어는 이 단어의 정확한 의미signifié를 전하지 않습니다.[8] 오이디푸스는 권력의 인간, 모종의 권력을 행사하는 인간입니다. 게다가 소포클레스의 극 제목이 '근친상간자 오이디푸스'도 '아버지를 죽인 자 오이디푸스'도 아니고 '오이디푸스 왕'이라는 사실은 특별합니다. 오이디푸스의 왕위는 무엇을 의미할까요?

우리는 극 전체를 통해서 권력이라는 테마의 중요성을 알 수 있는데, 이 극에서 내내 문제가 되는 것은 본질적으로 오이디푸스의 권력입니다. 그리고 오이디푸스로 하여금 위협을 느끼게 하는 것 또한 그것입니다.

오이디푸스는 이 비극에서 내내, 자신이 무죄라든가,

---

8   [옮긴이] 튀란노스(참주)는 세습이 아니라 자기 힘으로 왕위에 오른 사람을 뜻한다. 세습에 따라 왕위에 오른 사람은 바실레우스라고 한다. 튀란노스가 폭군이란 의미로 해석된 것은 후대의 일이며, 본래는 권위적 주권만을 뜻했다.

63

자신이 뭔가를 했을지도 모르지만 그것은 그의 뜻에 반하는 것이었다든가, 자신이 사람을 죽였을 때 그것이 라이오스인지는 몰랐다든가 하는 말을 결코 하지 않습니다. 소포클레스의 『오이디푸스 왕』의 주인공은 그러한 무죄나 몰인식 수준의 변명을 한 번도 시도하지 않습니다.

우리는 『콜로노스의 오이디푸스_Οἰδίπους ἐπὶ Κολωνῷ』[9]에서 처음으로, 눈멀고 비참한 오이디푸스가 작품 내내 이렇게 신음하는 것을 볼 수 있습니다. "나는 달리 어찌할 수 없었다. 신들이 내가 모르는 함정에 나를 빠뜨렸던 것이다." 『오이디푸스 왕』에서 그는 무죄 여부에 대해서는 전혀 변명하지 않았습니다. 그의 문제는 오로지 권력입니다. 그는 권력을 지킬 수 있을까요? 극의 처음부터 마지막까지 문제가 되는 것은 이 권력입니다.

첫 장면에서 테바이의 주민들이 페스트와 관련해서 오이디푸스에게 의지하는 것은 그가 군주라는 조건 때문입니다. "당신은 권력을 갖고 있다. 당신은 우리를 페스트에서 구해야 한다." 그러자 그는 이렇게 답합니다. "페

---

9   Sophocle, *Oedipe à Colone* (trad. P. Masqueray), Paris, Les Belles Lettres, «Collection des universités de France», 1924, 273-277, p. 165, et 547-548, pp. 176-177[소포클레스, 「콜로노스의 오이디푸스」, 『소포클레스 비극 전집』(2판), 천병희 옮김, 숲, 2017, 166쪽, 178쪽].

64

스트는 나에게도 큰 문제이다. 너희에게 닥친 페스트는 내 주권과 왕위에도 해가 되기 때문이다.” 오이디푸스가 페스트를 해결하려는 것은 자신의 왕위를 유지하는 것과 관련되는 한에서입니다. 그리고 그가 주위에서 돌발하는 다양한 반응들에 위협을 느끼기 시작할 때, 신탁이 그를 지목하고 점술사가 훨씬 더 분명하게 그가 유죄라고 말할 때, 오이디푸스는 테이레시아스에게 무죄를 주장하지 않고 이렇게 말합니다. “너는 내 권력을 원하고 있다. 너는 내 권력을 빼앗으려고 음모를 꾸민 것이다.”[10]

그는 자신이 아버지 또는 왕을 죽였을지도 모른다는 생각에 전율하고 있는 것이 아닙니다. 그를 전율케 하는 것은 자신이 권력을 잃는다는 것입니다.

크레온과 격렬한 논쟁이 벌어졌을 때 그는 크레온에게 말합니다. “너는 델포이의 신탁을 가져왔다. 하지만 이 신탁은 네가 꾸며낸 것이다. 라이오스의 아들인 네가 내게 주어진 권력을 내놓으라고 주장하고 있는 것이다.”[11] 여기서도 또한, 오이디푸스가 크레온에게 위협을 느끼는

---

10   Sophocle, *Oedipe Roi*, *op. cit.*, 399-400, p. 155[같은 책, 45쪽].
11   *Ibid.*, 532-542, p. 160[소포클레스, 「오이디푸스 왕」, 『소포클레스 비극 전집』(2판), 50쪽].

65

것은 권력의 문제 때문이지 무죄냐 유죄냐의 문제 때문
이 아닙니다. 극의 초반부에 있는 이러한 모든 대결에서
문제가 되는 것은 권력입니다.

그리고 마지막에 진실이 드러나게 될 때, 코린토스
의 노예가 오이디푸스에게 "걱정마십시오. 당신은 폴뤼
보스의 아들이 아닙니다"[12]라고 말할 때, 폴뤼보스의 아
들이 아니라면 다른 누군가의, 아마도 라이오스의 아들
일지도 모른다는 생각은 하지 않습니다. 그는 말합니다.
"너는 그 말을 함으로써 나를 수치스럽게 만들려는 것
이겠지. 모두가 내가 노예의 아들이라고 믿게 하려고 말
이다. 하지만 설령 내가 노예의 아들이라고 해도, 그것
이 내가 권력을 행사하는 데 방해가 되지는 않는다. 나
는 다른 왕들과 마찬가지로 왕이다."[13] 여기서도 여전히
문제는 권력입니다. 오이디푸스가 이 순간 마지막 증인,
키타이론의 노예를 소환하는 것은 재판의 수장chef de la
justice으로서, 군주로서입니다. 그에게 고문의 위협을 가
하면서 진실을 말하라고 강요하는 것은 군주로서입니다.
그리고 진실을 받아냈을 때, 오이디푸스가 누구이며, 무

12 *Ibid.*, 1016-1018, p. 178[같은 책, 69쪽].
13 *Ibid.*, 1202, p. 185[같은 책, 76쪽].

진리와 법적 형태들

엇을 했는지—부친 살해 및 어머니와의 근친상간—가 알려졌을 때, 테바이의 민중은 뭐라고 말할까요? "우리는 당신을 우리의 왕이라고 불렀다." 이는 테바이의 민중이 오이디푸스를 자신들의 왕으로 인정하고 있었다는 것과 동시에, 과거형—"불렀다"—을 사용함으로써 이제 그가 왕위를 잃었다고 선언한다는 것을 의미합니다.

문제가 되는 것은 오이디푸스의 권력 실추입니다. 그 증거로, 오이디푸스가 권력을 잃고 크레온이 왕이 될 때에도, 극의 마지막 대사들은 여전히 권력을 둘러싼 것이었습니다. 오이디푸스가 궁전 안에서 〔다른 곳으로〕 끌려가기 전에 그를 향한 마지막 말은 새로운 왕이 된 크레온의 입에서 나옵니다. "더는 주인이 되려고 하지 마라"[14]고. 여기서 쓰인 단어는 "크라테인*κρατεῖν*"으로, 오이디푸스는 더는 명령해서는 안 된다는 뜻입니다. 그리고 크레온은 또한 "아크라테사스*ἀκράτησας*", 즉 "정점에 도달한 후"를 의미하는 동시에 "아"가 박탈의 의미로 작용해 "더는 권력을 갖지 않음"을 또한 의미하게 되는 말장난을 덧붙입니다. "아크라테사스"는 '너는 정점에 올랐다'와 '너는 이제 더는 권력을 갖지 않는다'를 동시에 의미합니다.

14   *Ibid.*, 1522-1523, p. 19[같은 책, 90쪽].

67

그 후에, 민중이 오이디푸스에게 마지막 인사를 하며 이렇게 말합니다. "크라티스토스였던 당신", 즉 "권력의 정점에 있었던 당신"이라고. 그런데 테바이의 민중이 오이디푸스에게 건넨 최초의 인사는 "오, 크라튀논 오이디푸스", 즉 "전능한 오이디푸스여"였습니다. 민중의 이 두 인사 사이에서 모든 비극이 벌어졌습니다. 권력의 비극이며 정치권력의 소유와 관련한 비극입니다. 그런데 오이디푸스의 이러한 권력은 무엇일까요? 그것의 특징은 무엇일까요? 그 특징은 당시 그리스의 사상에, 역사에, 철학에 나타나 있습니다. 오이디푸스는 "바실레우스 아낙스 Βασιλεύς ἄναξ", 인간들 중 첫 번째, 크라테이아를 가진 자, 권력을 보유한 자라고 불리고, 심지어 '튀란노스'라고까지 불립니다. "참주Tyran"라는 것은 여기서 좁은 의미로 받아들여져서는 안 됩니다. 폴뤼보스도 라이오스도, 그리고 다른 왕들도 똑같이 "튀란노스"라고 불렸습니다.

이 권력의 몇 가지 특징은 오이디푸스의 비극에 나타나 있습니다. 오이디푸스는 권력을 갖고 있습니다. 하지만 그는 그것을 일련의 사건들, 모험들을 거쳐 손에 넣었고, 그것이 처음에는 가장 비참한―추방되고 버려진 아이, 정처 없이 떠도는 나그네―자였던 그를 이윽고 가장 강한 자로 만들었습니다. 그는 비할 데 없는 운명을 살았

진리와 법적 형태들

습니다. 그는 비참과 영광을 겪었습니다. 그는 사람들이 그를 폴뤼보스의 아들이라고 생각했을 때에는 가장 높은 곳에 있었고, 이 도시 저 도시를 떠도는 자가 됐을 때는 가장 낮은 곳에 있었습니다. 그리고 나중에 다시 그는 정상에 섰습니다. 그는 말합니다. "나와 함께 자란 세월은, 때로 나를 쓰러뜨리고, 때로 나를 곧추세웠다."

운명의 이러한 교대는 두 가지 인물 유형의 특징입니다. 서사시의 주인공으로서 전설적 인물상, 즉 시민권과 조국을 잃고 갖은 시련 끝에 영광을 되찾는 인물상, 그리고 기원전 6세기 말부터 5세기 초의 그리스의 참주라는 역사적 인물상입니다. 참주는 수많은 모험을 거쳐 권력의 정점에 선 뒤 언제나 그것을 잃을 위험에 놓입니다. 파란만장한 운명은 당시 그리스의 텍스트에 묘사된 참주 인물상의 특징입니다.

오이디푸스는 비참을 경험한 후에 영광을 겪었고, 영웅이 되어 왕이 된 인물입니다. 그러나 그가 왕이 된 것은 신성한 소리꾼, 즉 자신의 수수께끼를 풀지 못한 모든 자를 먹어 치운 암캐를 죽임으로써 도시국가 테바이를 구했기 때문입니다. 그는 도시를 치유하고, 다시 일으켜 세우고, 그의 말처럼 숨이 끊어지려 하는 순간에 다시 숨 쉬게 만들었습니다. 이러한 도시의 치유를 가리켜

69

오이디푸스는 "오르토산ὁρθῶσαν" 즉 '다시 일으키다', "아노르토산 폴린ἀνορθῶσαν πολιν" 즉 '도시를 다시 일으키다'라는 표현을 씁니다. 그런데 우리는 이 표현을 솔론Solon의 텍스트에서도 발견할 수 있습니다. 솔론은 엄밀히 말하면 참주가 아니라 입법자인데요, 그는 기원전 6세기 말에 아테네 도시를 다시 일으켜 세운 것에 자부심을 갖고 있었습니다. 그것은 또한 기원전 7세기와 6세기 동안 그리스에 출현한 모든 참주의 특징이기도 합니다. 그들은 높은 곳과 낮은 곳을 경험했을 뿐 아니라, 코린토스의 퀍셀로스Kypsélos처럼 적정한 경제적 분배에 의해, 또는 아테네의 솔론처럼 적정한 입법에 의해 도시들을 다시 일으켜 세우는 역할을 했습니다. 이것이 소포클레스 시대 또는 그보다 더 이전의 텍스트들에서 제시되는 그리스 참주의 두 가지 근본적인 특징입니다.

『오이디푸스 왕』에는 참주정의 긍정적인 특징뿐 아니라 일련의 부정적인 특징도 나타납니다. 테이레시아스와 크레온과의 논쟁 또는 민중과의 논쟁에서도 오이디푸스는 여러 가지로 비난받습니다. 예를 들면 크레온은 그에게 말합니다. "당신은 틀렸다. 당신은 당신이 태어나지 않은 이 도시를 당신과 동일시한다. 당신은 당신 자신이 이 도시라고 생각하고 이 도시가 당신에게 속한다고 생각한다. 그러나 나 역시 이 도시의 일부이다. 이 도시는 당신만의 것이 아니다.”[15] 그런데, 예를 들어 헤로도토스가 그리스의 옛날 참주들에 대해 한 얘기, 특히 코린토스의 큅셀로스에 대해 한 얘기를 생각해본다면, 참주란 도시를 소유하고 있다고 판단하는 자라는 것을 알 수 있습니다.[16] 큅셀로스는 제우스가 그에게 도시를 주었고, 그 자신이 그것을 시민들에게 돌려주었다고 말합니다. 소포클레스의 비극에서도 우리는 정확히 이와 같은 것을 발견합니다.

마찬가지로, 오이디푸스는 법을 중시하지 않고 법을 자신의 의지와 명령으로 대체합니다. 그는 분명하게 말합니다. 크레온이 오이디푸스에게 자신을 추방하려는 결정이 정당하지 않다면서 비난할 때, 오이디푸스는 “정당한지 아닌지는 내게 중요하지 않다. 어쨌든 복종해야 한다”[17]라고 대답합니다. 그의 의지가 도시의 법이 됩니다.

---

15   *Ibid.*, 629-630, p. 163[같은 책, 54쪽].

16   Hérodote, *Histoires* (trad. Ph. Legrand), Paris, Les Belles Lettres, «Collection des universités de France», 1946, livre V: *Terpsichore*, § 92, pp. 126-127[헤로도토스, 『역사』, 김봉철 옮김, 길, 2016, 565~570쪽]. 큅셀로스는 기원전 657년부터 627년까지 코린토스를 통치했다.

17   Sophocle, *op. cit.*, 627-628, p. 163[소포클레스, 「오이디푸스 왕」, 『소포클레스 비극 전집』(2판), 54쪽].

71

그의 실추가 시작될 때쯤 민중이 오이디푸스가 "디케 $\Delta i\kappa\eta$"[18]를, 정의를 무시했다고 비난하는 것은 이 때문입니다. 따라서 오이디푸스에게서 기원전 5세기 그리스의 사고방식에 따라 정의되고 특기되며 분류되고 특징지어진 인물, 즉 참주를 발견해야 하는 것입니다.

이 참주라는 인물은 권력만이 아니라 특정한 유형의 지식과 관련이 있다는 특징이 있습니다. 그리스의 참주는 단순히 권력을 가진 자가 아니었습니다. 참주는 다른 지식보다도 효과가 뛰어난 특정한 지식을 보유하고 있거나 그것의 보유에 가치를 부여하는 힘을 가진 자였습니다. 이는 정확히 오이디푸스의 사례입니다. 오이디푸스는 자신의 생각으로, 자신의 지식으로, 유명한 스핑크스의 수수께끼를 푸는 데 성공한 자입니다. 그리고 솔론이 실제로 아테네에 적정한 법을 줄 수 있었던 것과 마찬가지로, 솔론이 소포스$\sigma o\phi\acute{o}\varsigma$, 현자였기 때문에 도시를 다시 일으켜 세울 수 있었던 것과 마찬가지로, 오이디푸

---

18   [프랑스어본 편집자 주] 포르투갈어본에는 튀케($\tau\acute{v}\chi\eta$)라고 돼 있는데, 이 단어는 정의라기보다는 운이나 운명의 뜻에 가깝다. 「오이디푸스 왕」에서 코러스가 입에 올리는 말은 이 단어가 아니라 디케($\delta\acute{\iota}\kappa\eta$), 곧 '정의'이다. *Oedipe roi*, 885 (trad. fr. Mazon), Paris, Les Belles Lettres, p. 104[소포클레스, 「오이디푸스 왕」, 『소포클레스 비극 전집』(2판), 54쪽]를 참조할 것.

스도 또한 현자였기 때문에 스핑크스의 수수께끼를 풀
수 있었습니다.

이 오이디푸스의 지식이란 무엇일까요? 그것은 어
떻게 특징지어질까요? 오이디푸스의 지식은 작품 전체
에 걸쳐 그 특징을 드러내는데, 오이디푸스는 언제나 그
가 '그노메γνώμη'라고 부르는 것, 그의 인식 또는 '테크네
τέχνη'로 자신이 다른 자들을 무찔렀다고, 스핑크스의 수
수께끼를 풀었다고, 도시를 치료했다[구했다]고 말합니
다. 또, 그는 자신의 지식의 양태를 가리켜 스스로를 '헤
우레카ηὕρηκα', 즉 발견한 자라고 말합니다. 오이디푸스는
자신이 과거에 한 것이나 지금 하려고 하는 것을 가리켜
종종 이 단어를 사용합니다. 오이디푸스가 스핑크스의
수수께끼를 푼 것은 그가 '발견했기' 때문입니다. 만약
그가 다시 테바이를 구하고 싶다면, 그는 새롭게 헤우리
스케인εὑρίσκειν, 즉 발견해야 합니다. 헤우리스케인은 무
엇을 의미할까요? 이 '발견하다'라는 활동은 극의 초반
에는 "홀로 이루어지는 것"으로 특징지어집니다. 오이디
푸스는 끊임없이 그 점을 강조합니다. 그는 민중과 점술
사에게 "스핑크스의 수수께끼를 풀었을 때, 나는 누구에
게도 묻지 않았다"라고 말합니다. "너희들은 어차피 스핑
크스의 수수께끼를 푸는 데 도움이 되지 못했다. 너희들

73

은 저 신성한 소리꾼에 대해 아무것도 못하지 않았더냐”
라고.

　　그리고 테이레시아스에게 말합니다. “너는 스핑크스
로부터 테바이를 해방시키지도 못하면서 무슨 점술사라
는 것이냐? 모두가 공포에 떨고 있었을 때 나는 혼자서
테바이를 구했다. 나는 아무에게도 가르침을 받지 않고,
어떤 사자도 통하지 않고 직접 왔다.” 발견한다는 것은
홀로일 때 이루어지는 무언가입니다. 발견한다는 것은 또
한 우리가 눈을 뜰 때 우리가 하는 것입니다. 그리고 오
이디푸스는 끊임없이 이런 것을 말하는 인물입니다. “나
는 조사했다. 그리고 누구도 나에게 정보를 주지 못했기
때문에, 나는 내 눈과 귀를 열었고, 나는 보았다.” ‘알다’
와 ‘보다’를 동시에 의미하는 ‘오이다’라는 동사를 오이디
푸스는 자주 사용합니다. 오이디푸스는 이러한 ‘봄’과 ‘지
식’이라는 활동이 가능한 자입니다. 그는 ‘봄’의 인간, 시
선의 인간이며, 마지막까지 그럴 것입니다.

　　오이디푸스가 덫에 빠지는 것은 정확히, 발견하려
는 의지에 의해, 모든 것을 목격했고 진실을 알고 있는
노예를 키타이론의 깊은 곳에서 끌어낼 때까지, 사람 찾
기 그리고 사람들의 증언과 기억 확보를 계속했기 때문
입니다. 오이디푸스의 지식은 이런 종류의 경험적 지식

74

입니다. 동시에 그것은 혼자서, 사람들이 말하는 것에 기대지 않고, 누구의 말도 듣지 않고, 자신의 눈으로 보려고 하는 자의, 그런 인식의, 고독한 지식입니다. 자기 혼자서 도시를 통치할 수 있다고 여기는 참주의 전제적인 autocratique[19] 지식입니다. 오이디푸스는 자신이 하는 일을 가리킬 때 통치하는 자의 비유, 명령하는 자의 비유를 자주 사용합니다. 오이디푸스는 뱃머리에서 보기 위해 눈을 부릅뜨고 있는 선장입니다. 그리고 그가 사건, 불의의 사태, 운명, "튀케ύχη"를 발견하는 것은 정확히, 그가 지금 일어나고 있는 것에 눈을 뜨고 있기 때문입니다. 사태들을 향해 개방된 전제적인 시선을 가진 인물이었기 때문에 오이디푸스는 덫에 빠진 것입니다.

제가 보여주고 싶은 것은 소포클레스의 극 안에서 오이디푸스가 제가 지식-권력, 권력-지식이라고 부를 특정한 유형을 대표한다는 것입니다. 그가 통치에 대한 갈증 속에서 홀로 파헤치면서 마지막 순간에 목격자들의

---

19   [옮긴이] 여기서의 '전제적인'을 가리키는 autocratique은 문자 그대로의 의미로 이해되어야 한다. '다른 사람의 의사는 존중하지 않고 제 생각대로만 일을 결정함. 또는 국가의 권력을 개인이 장악하고 그 개인의 의사에 따라 모든 일을 처리함'이다. 다른 누구의 도움도 없이 홀로 문제를 발견하고 해결한다는 의미를 강조한 것이다.

75

증언을 획득하게 되는 것은 그가 신들의 신탁도, 민중의 말과 요구도 외면한 채 참주적이고 고독한 특정한 권력을 행사했기 때문입니다.

이렇게 우리는 어떻게 절반의 게임이 작동할 수 있었고 어떻게 오이디푸스가 극의 마지막에 불필요한 인물이 되는지 알 수 있습니다. 그것은 이 참주적인 지식 즉 신들의 말도 사람들의 말도 듣지 않고 자기 자신의 눈으로 보려고 하는 자의 지식이, 신들이 말한 것과 사람들이 알고 있는 것 사이에 정확한 맞물림이 일어나도록 할 수 있었던 한에서입니다. 오이디푸스는 의도치 않게 신들의 예언과 사람들의 기억 사이의 결합을 수립하는 데 성공합니다. 오이디푸스의 지식, 권력의 과잉, 지식의 과잉은 쓸모없는 것이 되어버립니다. 그에게서 고리가 닫힙니다. 아니 좀 더 정확하게는 하나의 패tessère의 두 파편이 맞물리고, 오이디푸스는 그의 고독한 권력 속에서, 쓸모없는[20] 것이 됩니다. 두 파편의 맞물림 속에서, 오이디푸스의 이미지는 기형적으로 변합니다. 오이디푸스는 자신의 참주적 권력에 의해 지나치게 많은 것을 할 수 있었고, 자신의 고독한 지식 속에서 지나치게 많은 것을

20   [옮긴이] 프랑스어판에는 이 단어가 utile로 잘못 조판되어 있다.

진리와 법적 형태들

알았습니다. 이 과잉 속에서, 그는 자기 어머니의 남편이자 자기 자식들의 형제였습니다. 오이디푸스는 과잉의 인간, 모든 것을 지나치게 가진 인간입니다. 권력을, 지식을, 가족을, 성을 말입니다. 오이디푸스는 양치기들이 알고 있는 것과 신들이 말했던 것의 상징적 투명성에 비해 과잉적인, 두 배의 인간입니다.

따라서 오이디푸스의 비극은 몇 년 후의 플라톤 철학과 꽤 가깝습니다. 사실 플라톤에게 노예의 지식, 본자의 경험적 기억은 더 심오하고 본질적인 기억, 지성적인 하늘에서 보인 것에 대한 기억에 비해서 폄하됩니다. 그러나 중요한 것은 소포클레스의 비극에서도 플라톤의 『국가πολιτεία』에서도 근본적으로 폄하되고 멸시되는 것, 바로 특권적이고 배타적인 정치적 지식이라는 주제, 아니 그러한 형식과 인물입니다. 소포클레스 비극과 플라톤 철학의 역사적 차원을 고려하면, 그것들이 소포스 오이디푸스Œdipe σοφός, 현자 오이디푸스, 아는 참주, 테크네의 인간, 그노메의 인간의 배후에서 겨냥하는 것은 실제로 소포클레스 시대의 아테네 사회에 존재했던 정치권력과 지식의 전문가, 즉 그 유명한 소피스트들입니다. 하지만 그 배후에서 플라톤과 소포클레스가 근본적으로 겨냥했던 것은 또 다른 범주의 인물상, 즉 참주라는 인

77

물상입니다. 소피스트는 참주라는 인물상의 작은 대표자, 연속이자 역사적 종점입니다. 참주는 기원전 7세기와 6세기에 권력자이자 지자知者였으며, 자신이 행사하는 권력과 자신이 보유한 권력pouvoir[21]을 통해 지배하는 자였습니다. 결국, 플라톤과 소포클레스의 텍스트에서 명시되지는 않지만, 이 모든 것의 배후에서 겨냥되고 있는 것은 실제로 존재했고 전설적 맥락에서 다시 취해진 위대한 역사적 인물, 그 유명한 앗시리아의 왕입니다.

기원전 2000년대 말과 기원전 1000년대 초의 동지중해 유럽 사회에서 정치권력은 언제나 특정한 유형의 지식의 담지자였습니다. 권력을 보유함에 따라, 왕과 왕을 둘러싼 사람들은 다른 사회 집단들에 전해지지 않는, 또는 전해져서는 안 되는 지식을 소유했습니다. 지식과 권력은 정확히 대응하고 연관되고 겹쳐져 있었습니다. 권력 없는 지식은 있을 수 없었고, 모종의 특수한 지식의 소유 없는 정치권력이라는 것도 있을 수 없었습니다.

조르주 뒤메질Georges Dumézil이 세 가지 기능에 대한 연구에서 첫 번째 기능인 정치권력의 기능이 마술적이고 종교적인 정치적 권력이라는 것을 보여주면서 분리했

---

21   [옮긴이] 여기서 pouvoir는 savoir(지식)의 오철일 수도 있을 것 같다.

78

던 것이 바로 이러한 형태의 지식-권력이었습니다.[22] 신들의 지식, 우리가 신들과 우리에 대해 수행할 수 있는 행위에 대한 지식, 이런 모든 마술적-종교적 지식이 정치적 기능 속에 현전하고 있습니다.

그리스 사회의 기원에, 기원전 5세기 그리스 시대의 기원에, 즉 우리 문명의 기원에 도래한 것은 권력인 동시에 지식이기도 했던 정치권력의 위대한 통일의 붕괴였습니다. 동방의 문명에 영향을 받은 그리스의 참주들이 자기들을 위해 회생시키려 했고 기원전 6세기와 5세기의 소피스트들이 유료 수업을 통해 이용했던 것은 앗시리아의 대제국들에 존재했던 마술적-종교적 권력의 통일이었습니다. 아시다시피 기원전 6세기에서 5세기의 상고기 그리스에서 이러한 기나긴 붕괴가 일어났습니다. 그리고 고전기 그리스가 출현할 때—소포클레스는 그 시작의 날, 부화의 시점을 대표합니다—그러한 사회가 출현하기 위해 사라져야만 했던 것이 권력과 지식의 통합union입니다. 이때부터 권력자는 무지한 자가 됩니다. 결국 오

---

22   Georges Dumézil, *Jupiter, Mars, Quirinus. Essai sur la conception indo-européenne de la société et sur les origines de Rome*, Paris, Gallimard, 1941; *Mythe et Épopée*, t. I: *L'Idéologie des trois fonctions dans les épopées des peuples indo-européens*, Paris, Gallimard, 1968.

79

이디푸스에게 일어난 일은 지나치게 많이 아는 탓에 아무것도 모르게 되는 상황입니다. 이때부터 오이디푸스는 알지 못하는, 너무 많은 것을 할 수 있기 때문에 무지한, 눈먼 권력자로서 기능하게 됩니다.

따라서 권력이 무지, 무의식, 망각, 몽매로 간주되는 반면, 한편에는 진실과, 신들이나 영혼의 영원한 진리들과 교통하는 철학자와 점술사가, 또 다른 한편에는 권력은 전혀 갖고 있지 않으나 기억은 갖고 있고 〔또〕 진실에 대한 증언을 담지할 수 있는 민중이 있게 됩니다. 이렇게 해서, 오이디푸스처럼 기념비적으로 맹인이 된 권력의 저편에, 기억을 갖고 있는 양치기들이나 진실을 말하는 점술사들이 있게 됩니다.

서양은 이후, 진리는 절대로 정치권력에 속하지 않으며 정치권력은 맹목적이며, 참된 지식은 신들과 접촉할 때나 사태들을 기억할 때, 영원하고 위대한 태양을 바라볼 때, 또는 일어난 일에 대해 눈을 부릅뜰 때 갖게 되는 것이라는 신화에 지배당하게 됩니다. 플라톤과 함께 서양의 거대한 신화가 시작됩니다. 바로 지식과 권력의 이율배반이라는 신화입니다. 만약 지식이 있다면 그것은 권력을 내려놓아야 합니다. 지식과 과학〔학식〕이 순수한 진리로서 있는 곳에 정치권력은 더는 있을 수 없습니다.

이 위대한 신화는 청산되어야 합니다. 앞서 인용된 많은 텍스트에서 니체가 모든 지식, 모든 인식의 배후에 권력투쟁이 작동하고 있음을 보여주면서 부서뜨리기 시작한 것이 이 신화입니다. 정치권력은 지식을 결여하고 있지 않으며, 지식과 더불어 직조됩니다.

지난번 강연에서 저는 그리스 문명에서 볼 수 있는 사법적 타결, 즉 계쟁이나 이의제기나 언쟁을 해결하는 두 가지 형태 또는 유형을 참조했습니다. 첫 번째 형태는 상고기의 것으로, 호메로스에게서 발견됩니다. 두 명의 전사가 대결하여 어느 쪽이 옳고 어느 쪽이 잘못인지, 어느 쪽이 상대방의 권리를 침해했는지를 알려고 합니다. 이 문제의 해결은 규정된 다툼, 즉 두 전사의 결투로 귀결됩니다. 한쪽이 상대방에게 "너는 내가 비난하고 있는 것을 하지 않았다고 신들 앞에 맹세할 수 있는가?"라고 하면서 덤벼듭니다. 이러한 절차에서는 누가 진실을 말하는지를 알기 위한 재판관도, 판결도, 진실도, 조사도, 증언도 없습니다. 누가 진실을 말했느냐가 아니라 누가 맞느냐를 결정해야 하는 짐은 싸움에, 결투에, 각각이 무릅쓰는 위험에 내맡겨져 있습니다.

두 번째 형태는 『오이디푸스 왕』에서 전개되는 것입니다. 어떤 의미에서는 역시 이의제기의 문제이며 범죄에 관련된 계쟁인 '누가 라이오스를 죽였는가?'라는 문제를 해결하기 위해, 호메로스의 오래된 절차에 비하면 새로

85

운 인물인 양치기가 등장합니다. 양치기는 노예로, 전혀 중요하지 않은 인물입니다. 하지만 그는 자신의 오두막에서 목격했고 그러한 한 조각의 기억을 갖고 있었기에, 그리고 자신이 본 것을 증언으로 만들었기에, 왕의 교만 또는 참주의 추정에 이의를 제기하고 그것을 무너뜨릴 수 있었습니다. 증인은, 비천한 증인은, 자신이 목격하고 진술하는 진실의 게임이라는 유일한 수단을 통해 혼자서도 가장 힘 있는 자들을 거꾸러뜨릴 수 있습니다. 『오이디푸스 왕』은 일종의 그리스 법제사 요약입니다. 『안티고네』나 『엘렉트라』 같은 소포클레스의 몇몇 극은 일종의 법제사의 연극적 의례화 같은 것입니다. 이 그리스 법제사의 극화는 우리에게 아테네 민주주의의 위대한 쟁취들 중 하나에 대한 요약을 제시합니다. 이는 민중이 심판할 권리, 진실을 말할 권리, 자신들의 주인들에게 진실을 대립시킬 권리, 자신들을 통치하는 자들을 심판할 권리를 손에 넣는 과정의 역사입니다.

이러한 그리스 민주주의의 위대한 쟁취, 이 증언할 권리, 진실을 권력에 대립시킬 권리는 기원전 5세기 아테네에서 한 세기에 걸친 결정적인 탄생과 창설의 기나긴 과정을 통해 형성됩니다. 권력을 갖지 못한 진실을 진실 없는 권력에 대립시키는 이 권리는 그리스 사회에 특징

진리와 법적 형태들

적인 일련의 위대한 문화 형태들을 낳았습니다.

첫째, 증거와 증명의 합리적 형태들이라고 부를 수 있는 것의 고안입니다. 즉, 어떻게 진리를 산출할지, 어떤 조건에서 어떤 형식을 지키며 어떤 규칙을 적용할지의 문제입니다. 이러한 형태들이 바로 철학, 합리적 체계들, 과학적 체계들입니다. 둘째로, 첫 번째 형태들과의 관계 속에서, 우리가 말하는 것의 진실을 사람들에게 설득시키고 납득시키는 기술, 진실을 위한, 또는 더 정확히 진실에 의한 승리를 획득하는 기술을 발달시켰습니다. 바로 그리스 수사학의 문제입니다. 셋째, 새로운 유형의 인식의 발달 즉 증언, 기억, 조사에 의한 인식입니다. 소포클레스에 조금 앞서는 헤로도토스 같은 역사가, 박물학자, 식물학자, 지리학자, 여행가 등이 발전시키고 아리스토텔레스가 백과사전식으로 종합하게 될, 조사에 의한 지식입니다.

따라서 그리스에서는 일련의 투쟁과 정치적 분쟁을 통해 일정한 법적, 사법적 진실 발견의 형태를 낳게 된 일종의 위대한 혁명이 있었습니다. 그 형태가 모체가 되고 모델이 되어 일련의 다른 지식들—철학적 지식, 수사학적 지식, 경험적 지식—이 발전할 수 있었고 그리스적 사유가 특징지어질 수 있었습니다.

매우 이상하게도 조사의 탄생의 역사는 이후 줄곧 잊히고 사라졌으며, 몇 세기나 지나 중세가 되어서야 다른 형태들로 다시 취해졌습니다.

중세 유럽에 이르러 우리는 이른바 조사의 두 번째 탄생을 맞이하게 됩니다. 이는 첫 번째 때보다 더 느리고 모호하지만 훨씬 더 실질적인 성공을 거두었습니다. 그리스의 조사 방법은 정체된 채, 무한하게 발전가능한 이성적 인식을 정초하는 데에 이르지 못하고 있었습니다. 반면, 중세에 탄생한 조사는 놀라운 차원들을 획득합니다. 그것의 운명은 이른바 '유럽'이나 '서양' 문화의 운명과 실질적으로 동일한 외연을 갖게 됩니다.

게르만 사회들이 로마제국과 접촉하게 됐을 무렵, 게르만 사회들에서 개인들 사이의 계쟁을 조정했던 옛 법은 그 몇 가지 형태에서, 어떤 의미에서는 상고기 그리스의 법에 매우 가까운 것이었습니다. 그 법 안에 조사의 체계는 없었습니다. 왜냐하면 개인 사이의 계쟁은 시련의 게임에 의해 해결되었기 때문입니다.

타키투스Tacitus는 제국의 관문들에까지 퍼진 이 기묘한 문명을 분석하기 시작했는데요, 당시의 고대 게르만법을 도식적으로 다음과 같이 특징지을 수 있습니다.

첫째, 공적인 행위, 즉 사회, 집단, 권력 또는 권력 보

진리와 법적 형태들

유자를 대표하여 개인에 대한 고발을 맡는 사람이 없습니다. 형사 소송이 있으려면 일단 어떤 해가 있어야 하고, 그 해를 입었거나 스스로 피해자라고 주장하는 누군가가 있어야 하고, 이 자칭 피해자는 자신의 상대방을 지목해야 합니다. 피해자는 직접적으로 피해를 당한 당사자일 수도 있고 그 가족의 일원으로서 친족의 소송을 맡은 사람일 수도 있습니다. 형사적 행위의 특징은 그것이 언제나 일종의 대결, 개인 간, 가족 간 또는 집단 간의 대립이라는 것이었습니다. 거기에는 어떤 권력 기관의 대표자에 의한 개입도 없었습니다. 그것은 한 개인에 의해 다른 한 개인에 대해 이뤄지는 권리 주장이었으며, 거기에는 고발하는 자와 자기를 변호하는 자, 이 둘의 개입 외의 다른 것은 포함되어 있지 않았습니다. 모종의 공적 행위가 있었던 경우는 꽤 이상한 두 가지 경우밖에 없었습니다. 바로 배신과 동성애의 경우입니다. 그 경우에는 공동체가 스스로 침해를 입었다고 간주하여 개입하고, 개인에게 집단적으로 배상을 요구했습니다. 따라서 고대 게르만법에서 형사적 행위가 일어나기 위한 첫 번째 조건은 두 명의 인물의 존재입니다. 절대로 세 명은 아닙니다.

두 번째 조건은, 일단 형사적 행위가 도입되면, 일단

한 개인이 자신이 피해자임을 주장하면서 타인에게 보상
을 요구하면, 사법적 해결은 일종의 개인 간 다툼의 계속
으로서 이뤄졌다는 것입니다. 개인적이고 개별적인 종류
의 전쟁이 전개되고, 형사 절차는 이러한 개인 간 다툼
의 의례화일 뿐인 것이죠. 게르만법은 전쟁을 정의에 대
립시키지 않으며 정의를 평화와 동일시하지 않습니다. 반
대로, 거기서 법은 개인 간의 전쟁을 인도하고 보복 행위
들을 연관시키는 어떤 독특하고 규칙화된 방식으로 간
주됩니다. 따라서 법은 전쟁을 하는 규칙화된 방식입니
다. 가령, 누군가가 죽었을 때 그 친족은 보복이라는 사
법적 실천을 행사할 수 있는데, 이는 누군가—원칙적으
로는 살인자—를 죽이는 것을 포기하지 않는다는 것을
의미합니다. 법의 영역에 들어선다는 것은 살인자를 죽
인다는 것, 살인자를 특정한 규칙들에 따라, 특정한 형식
들에 따라 죽인다는 것을 의미합니다. 살인자가 이러한
방식 또는 저러한 방식으로 범죄를 저질렀다면, 그를 토
막 내거나 머리를 베어 그의 집 입구에 걸어두어야 한다
는 식입니다. 이러한 행위들이 보복 행위를 의례화하고
그것을 사법적 복수로서 특징짓게 됩니다. 따라서 법은
전쟁의 의례적 형태입니다.

　　세 번째 조건은, 법과 전쟁 사이에 대립은 없지만,

진리와 법적 형태들

어떤 합의에 이르는 것은 가능하다는 것, 즉 이 규칙화된 적대를 중단하는 것이 불가능한 것은 아니라는 것입니다. 고대 게르만법은 언제나 이러한 일련의 상호적이고 의례적인 보복 끝에 합의와 타협에 이를 가능성을 제공합니다. 보복의 연쇄를 계약으로 중단시킬 수 있습니다. 그 경우 두 당사자는 중재인을 세우고, 중재인과 당사자들의 동의 아래 그리고 당사자들의 상호 동의 아래 중재인은 변제rachat를 구성할 금액을 정하게 됩니다. 그것은 과오에 대한 변제가 아닙니다. 왜냐하면 과오가 발생한 것이 아니라 단지 해와 보복이 있었을 뿐이기 때문입니다. 게르만법의 이러한 절차에서 두 당사자 중 한쪽은 평화를 얻을 권리, 상대의 있을 수 있는 보복을 면할 권리를 매수합니다. 그는 이렇게 전쟁에 종지부를 찍음으로써, 자신이 흘리게 한 피가 아니라 자신의 생명을 되사들입니다. 의례화된 전쟁의 단절, 이것이 고대 게르만법에서의 사법적 드라마의 세 번째 또는 마지막 막幕입니다.

당시 게르만 사회의 갈등과 계쟁을 해결하는 체계는 따라서 전면적으로 다툼과 거래에 의해 좌우됩니다gouverné. 그것은 경제적 거래에 의해 종료될 수 있는 힘의 시련épreuve〔대결〕입니다. 그것은 양자 사이에 중립적 요소로서 자리 잡으면서 진실을 추구하고 둘 중 누가 진실을 말하는지 알려 하는 제3자의 개입을 허용하지 않는 절차입니다. 조사 절차, 진실 추구는 이런 유형의 체계에 전혀 개입하지 않습니다. 로마 제국의 침입 이전의 게르만법은 이런 방식으로 구성되어 있었습니다.

이 게르만법이 로마의 점령지들에서 지배적이었던 로마법과 경쟁과 대립, 때로는 공범 관계에 들어가게 되는 기나긴 경위에 대해서는 길게 설명하지 않겠습니다. 5세기와 10세기 사이에, 이 두 법체계 사이에 일련의 침투와 갈등이 있었습니다. 로마 제국의 폐허 위에 하나의 국가가 모습을 갖추기 시작할 때마다, 어떤 국가적 구조가 탄생하기 시작할 때마다, 로마법이, 국가의 오랜 법이 되살아납니다. 메로빙거 왕조[1] 아래에서, 특히 카롤링거 제국[2] 시대에 로마법은 어떤 의미에서는 게르만법을 넘어섰습니다. 다른 한편, 이러한 맹아들이 해체될 때마다, 이러한 국가의 윤곽들이 붕괴될 때마다 옛 게르만법이 재등장했습니다. 10세기에 카롤링거 제국이 무너지자 게르만법이 로마법을 이겨, 로마법은 수 세기 동안 망각 속

---

1   [옮긴이] 5세기부터 8세기 중반까지의 프랑크 왕국의 왕조.
2   [옮긴이] 8세기 중반부터 10세기 말까지의 프랑크 왕국의 왕조. 카롤루스 대제의 이름에서 유래한다.

진리와 법적 형태들

에 사라졌다가 12세기 말이 되어서야, 그리고 13세기를 통과하면서 서서히 재등장합니다. 따라서 봉건법은 기본적으로 게르만적인 것입니다. 거기서는 조사 절차의 요소들이나 그리스 사회들이나 로마 제국의 진실 확립 절차의 요소들은 전혀 보이지 않습니다.

봉건법에서는 두 개인 사이의 계쟁이 **시련**[3] 체계에 의해 해결되었습니다. 어떤 개인이 타인을 살인이나 절도로 고발하면서 권리 주장이나 이의 제기를 하고 나서면, 계쟁은 두 사람 모두에 의해 받아들여지고 두 사람이 함께 복종하는 일련의 시련에 의해 해결됐습니다. 이 체계는 진실을 증명하는 것이 아니라 말하는 자의 힘이나 무게, 중요성을 증명하는 방식이었습니다.

첫째, 사회적 시련들이, 개인의 사회적 중요성에 대한 시련들이 있었습니다. 11세기 부르고뉴 법에서는 살인으로 고발당한 사람은 그가 살인을 저지르지 않았다고 맹세해줄 증인을 12명 모으면 완전히 무죄를 확정할 수 있었습니다. 맹세는 예를 들어 피해자로 지목된 사람이 살아 있는 것을 본 사실이나 용의자의 알리바이에 기초한 것이 아닙니다. 맹세를 하는 이는, 누군가가 살인을

---

3   원문에 프랑스어로 표기(편집자).

93

하지 않았다는 것을 증언하는 이는, 고발을 당한 자의 친족이어야 합니다. 그와 친족이라는 사회적 관계가 필요한데, 이는 그의 결백이 아니라 사회적 중요성〔위상〕을 보증합니다. 그것이 특정한 개인이 획득할 수 있는 연대, 그의 무게, 영향력, 그가 속한 집단의 중요성과 갈등이나 싸움에서 그를 지지할 용의가 있는 사람들의 중요성을 나타냅니다. 결백의 증거, 그가 문제의 행위를 하지 않았다는 증거는 절대로 증언이 아니었습니다.

둘째로, 언어적 유형의 시련이 있었습니다. 절도나 살인 등으로 고발을 당한 사람은 이 고발에 대해 자신이 절도나 살인을 저지르지 않았다는 것을 보증하는 몇 가지 정해진 문구를 가지고 대답해야만 했습니다. 이 정해진 문구를 말하는 것은 실패할 수도 있고 성공할 수도 있습니다. 정해진 문구를 말했음에도 지는 경우도 있습니다. 표리부동이나 거짓말이 들통났기 때문이 아니라, 정해진 문구를 정확하게 말하지 않았기 때문입니다. 증명하려는 것의 진실성이 아니라 문법적 오류나 단어 바꾸기가 정해진 문구를 무효화했습니다. 이 시련이 언어적 게임의 문제일 뿐이라는 것은 피고발자가 미성년, 여성, 또는 사제인 경우 다른 누군가가 이들을 대신해줄 수 있었다는 것을 말합니다. 이후의 법제사에서 변호사

진리와 법적 형태들

가 되는 이 다른 누군가는 고발된 사람을 대신해 정해진 문구를 말하는 사람입니다. 만약 그가 잘못 말한다면, 그가 대신한 사람은 소송에서 지게 됩니다.

셋째로, 마술적·종교적 맹세의 오래된 시련입니다. 고발을 당한 사람은 맹세를 요구받는데, 그것을 감히 하지 못하거나 주저하면 소송에서 진 것이 됩니다.

마지막으로, 신명재판ordalies이라 불리는 그 유명한 신체적, 육체적 시련이 있었습니다. 이것은 일종의 자기의 신체와의 게임이자 싸움으로, 거기서 이기느냐 지느냐를 확인하는 것입니다. 예를 들어 카롤링거 제국 시대의 프랑스 북부 몇몇 지방에는 살인 혐의를 받은 자에게 부과되는 유명한 시련이 있었습니다. 피의자는 숯불 위를 걸어야 하는데, 만약 이틀 후에도 흉터가 남아 있으면 그는 소송에서 집니다. 물의 신명재판과 같은 다른 종류의 시련도 있었는데, 이는 피의자의 오른손을 왼쪽 다리에 묶고 물속에 집어던지는 것입니다. 만약 그가 물속에 가라앉지 않으면 소송에서 지는 것인데, 왜냐하면 물이 그를 받아들이지 않았기 때문입니다. 반대로 가라앉으면 물이 그를 거부하지 않은 것이기 때문에 그는 소송에서 이기게 됩니다. 개인 또는 그의 신체와 자연적 요소들 사이의 이러한 대결은 개인 간의 싸움의 상징적 전

95

환transposition으로서, 이에 대한 의미론적 연구가 필요합니다. 어쨌든, 언제나 전투가 문제이며, 언제나 누가 더 강한지를 아는 것이 문제입니다. 고대 게르만법에서 소송은 규칙화되고 의례화된 전쟁의 연속continuation〔계속〕일 뿐입니다.

더 설득력 있는 예시를 들 수도 있는데, 가령 소송 중에 당사자들 간에 물리적인 싸움을 하는 것이 있습니다. 그 유명한 신의 심판이라는 것입니다. 두 개인이 재산의 소유권을 이유로, 또는 살인을 이유로 서로 대결했을 때, 그들은 쌍방의 동의가 있다면 언제나 일정한 규정—전투 시간, 무기의 종류—에 따라 싸우는 것이 가능했습니다. 이 경우 한 명의 입회자가 있는데, 그는 오로지 규정이 준수되는지만을 확인합니다. 전투에서 이긴 자는 소송에서 승리한 것입니다. 그는 진실을 말할 기회를 받지도 않지만, 자신이 하는 주장의 진실성을 증명하라는 요구 또한 받지 않습니다.

봉건적인 사법적 시련의 체계에서 중요한 것은 진실 추구가 아니라 이항 구조의 게임입니다. 개인은 시련을 받아들이거나 포기합니다. 만약 포기하면, 만약 시련에 도전하고 싶지 않다면, 그는 소송을 하기도 전에 미리 지는 것입니다. 시련이 벌어지면, 이기거나 집니다. 그 밖의

진리와 법적 형태들

다른 가능성은 없습니다. 이항적 형태가 시련의 첫 번째 특징입니다.

　두 번째 특징은, 시련은 승리 아니면 실패로 끝난다는 것입니다. 항상 이기는 자와 지는 자가 있고, 최강자와 최약자가 있고, 행복한 결말과 불행한 결말이 있습니다. 12세기 말에서부터 13세기 초에 등장하는 것 같은 판결 따위는 전혀 나타나지 않습니다. 판결은 제3자에 의해 이뤄지는 다음과 같은 것에 대한 언표행위입니다. 즉, 진실을 말하는 한 사람은 옳고, 거짓말을 하는 다른 한 사람은 틀렸다는 것입니다. 따라서 봉건법에는 판결이 존재하지 않습니다. 개인 간에 진실과 오류를 분리하는 것은 거기서 어떤 역할도 하지 못합니다. 승리 또는 실패가 있을 뿐이기 때문입니다.

　세 번째 특징은 이런 시련이 어떤 면에서 자동적이라는 것입니다. 두 명의 상대adversaires를 구분하기 위해서 제3자의 존재가 필요하지 않습니다. 두 개인을 구분하는 것은 힘의 균형, 행운, 정력, 신체적 저항력, 지적 명민함으로, 이는 자동적으로 전개되는 메커니즘입니다. 권력 기관은 절차의 규칙 준수의 증인으로서만 개입할 뿐입니다. 사법적 시련이 행해질 때, 심판의 이름을 가진 누군가―정치적 주권자 또는 두 상대의 상호 합의로 지

97

명된 누군가—가 거기에 있지만, 그것은 단지 전투가 규칙에 따라 행해졌음을 확인하기 위해서입니다. 심판은 진실에 대한 증언이 아니라 절차의 규칙 준수에 대한 증언을 담지합니다.

네 번째 특징은, 이 메커니즘에서 시련은 진실을 말한 사람을 지목하고 명명하는 데 소용되는 것이 아니라 최강자가 동시에 올바른 자이기도 하다는 것을 확립하는 데 소용된다는 것입니다. 전쟁에서는, 또는 사법적이지 않은 시련에서는 언제나 한쪽이 다른 한쪽보다 더 강한데, 그렇다고 해서 이것이 그가 옳다는 것을 증명하지는 않습니다. 사법적 시련은 전쟁을 의례화하는 방법, 또는 그것을 상징적으로 전환하는 방법입니다. 그것은 전쟁에 일정한 파생적, 연극적 형식들을 부여함으로써 최강자가 옳은 자로서 지목되도록 하는 방법입니다. 시련이란 법의 조작자opérateur이며, 힘에서 법으로의 교환기commutateur, 힘의 법으로의 이행을 가능케 하는 일종의 **전환사**shifter인 것입니다. 시련에는 판단하는apophantique[4]

---

4   [옮긴이] apophantique는 원래 논리학의 용어로 아리스토텔레스의 『명제론』에 등장하는 단어이다. 서술어가 주어에 논리적으로 귀속될 수 있는지 검토하여 진리값을 결정할 수 있는, 즉 참이나 거짓 형태로 판별될 수 있는 선언적 문장을 가리킨다.

진리와 법적 형태들

기능이 없습니다. 시련은 지목 기능, 진실을 나타내거나 그것이 드러나도록 하는 기능이 없습니다. 그것은 법의 조작자이지, 진실의 조작자나 판단적 조작자는 아닙니다. 지금까지 고대 봉건법에서 시련이란 무엇이었는가에 대해 말씀드렸습니다.

　　이러한 사법적 실천 체계는 12세기 말부터 13세기를 거치며 사라집니다. 중세 후기 전체를 통해 우리는 이 오랜 실천들의 변형, 그리고 정의의 새로운 형태들과 사법적 절차와 실천에서 새로운 형태들의 발명을 목도하게 됩니다. 이는 유럽의 역사에서, 그리고 세계사 전체에서 절대적으로 중요한 형태들입니다. 왜냐하면 유럽이 전 지구상에 자신의 굴레를 폭력적으로 씌웠기 때문입니다. 이러한 법의 새로운 구상 속에서 발명된 것은 지식의 내용보다는 지식의 가능성의 조건들 및 형식들과 관련된 것입니다. 이 시대에 법의 영역에서 발명된 것은 특정한 지식의 방식, 지식의 가능성에서 하나의 조건으로서, 이는 이후 서양 세계에서 결정적인 운명으로 작용하게 됩니다. 바로, 그리스에서 처음 출현했고 로마 제국의 몰락 이후에 수 세기 동안 자취를 감췄었던, '조사'라는 지식의 양식입니다. 조사는 우리가 『오이디푸스 왕』에서 봤던 것과는 꽤 많이 다른 모습으로, 12세기와 13세기에 재출현합니다.

앞에서 제가 그 본질적인 특징들을 몇 가지 설명한 옛 사법적 형태는 이 시기에 왜 사라졌을까요? 도식적으로 말하자면, 서유럽 봉건사회에서는 근본적으로 부의 유통이 상업에 의해 확보되는 일이 비교적 적었다는 특징을 들 수 있습니다. 부의 유통은 상속이나 유언에 의한 양도, 그리고 특히 사법적이거나 사법 외적인 군사적, 호전적 분쟁contestation에 의해 이루어졌습니다. 중세 초기에 부의 유통을 확보하는 가장 중요한 수단은 전쟁, 강탈, 그리고 땅이나 성 또는 마을을 점령하는 것이었습니다. 법이 전쟁을 지속하는 특수한 방식이었던 만큼, 법과 전쟁 사이의 경계선은 유동적이었습니다. 가령 군사력을 가진 누군가가 어떤 땅이나 숲 또는 누군가의 소유지를 점령하면, 그에게 우세한 권리가 부여되고, 그때부터 기나긴 분쟁이 시작되고, 결국 무력을 갖지 못한 채 자기 땅을 되찾고 싶은 쪽은 지불이라는 수단을 통할 때라야 침략자의 퇴거를 얻어냅니다. 사법적인 것과 전쟁 사이의 경계선에 위치한 이러한 합의는 부를 얻는 가장 흔한 방식 중 하나였습니다. 부의 유통, 교환, 파산, 축재는 봉건제 초기에는 대부분의 경우 이러한 메커니즘에 따라 이뤄졌습니다.

그런데, 유럽 봉건사회와 현재 인류학에서 연구되고 있는 이른바 '원시' 사회를 비교해보면 흥미로운 점들이 발견됩니다. 원시 사회들에서 부의 교환은 분쟁과 경쟁rivalité 관계를 통해 이루어지는데, 이는 특히 기호와 현시manifestations의 수준에서, 특권이라는 형태를 통해 주어집니다. 봉건사회에서도 마찬가지로 부의 유통은 경쟁 관계와 분쟁의 형태로 이루어집니다. 그러나 여기서 경쟁과 분쟁은 특권과 관련된 것이 아니라 오히려 전쟁과 관련된 것이었습니다. 이른바 '원시' 사회에서 부는 분쟁의 급부prestations 속에서 교환됩니다. 왜냐하면 부는 재산일 뿐 아니라 기호이기도 하기 때문입니다. 봉건사회에서 부는 그것이 재산이자 기호이기 때문만이 아니라 그것이 또한 무기이기도 하기 때문에 교환됩니다. 부는 폭력을 행사하는 수단이면서 타자들의 생사에 관한 권리를 행사하는 수단이기도 합니다. 중세 내내, 전쟁과 사법적 계쟁과 부의 유통은 유동적이고 독특한 거대한 흐름의 일부를 이루고 있었습니다.

따라서 봉건사회에 특징적인 이중적 경향이 있습니다. 한편으로는 더 강력한 자들의 손에 무력이 집중되고, 이들은 힘없는 자들의 무력 사용을 방해합니다. 누군가를 무찌르는 것은 그 사람의 무기를 빼앗는 것이며,

제3강

그 결과 무력의 집중이 일어납니다. 이 때문에 봉건국가 들에서는 강자들에게 더욱 더 힘을 주게 되며, 결국 최강자 즉 군주에게 힘이 부여됩니다. 다른 한편이자 이와 동시에, 부를 유통시키는 수단으로서 사법적 행위와 계쟁이 존재합니다. 따라서 우리는 왜 강자들이 사법적 계쟁들을 통제하려고 했으며 그것이 개인들 사이에서 자발적으로 전개되는 것을 막으려 했는지, 왜 재산의 사법적, 계쟁적 유통을 손아귀에 넣으려고 했는지를 이해할 수 있습니다. 그 결과 이 시대에는 무력과 사법적 권력이 한곳에 집중되었으니까 말입니다.

행정권, 입법권, 사법권의 존재는 기본법〔헌법〕에서는 꽤 오래된 관념인 듯 생각되지만, 사실 이는 꽤 새로운 관념으로, 대체로 몽테스키외Charles de Montesquieu 무렵에 나타납니다. 그런데 여기서 우리의 관심을 끄는 것은 '사법권이란 것이 어떻게 형성되었는가'입니다. 중세 초기에는 사법권이란 것이 없었습니다. 청산은 개인들 사이에서 이뤄졌습니다. 사람들은 최강자 또는 주권을 행사하는 자에게 정의를 이루어달라고 요구하는 것이 아니라 그의 정치적·마술적·종교적 권력을 통해 절차·소송procédure의 규칙 준수를 확인해달라고 요구했습니다. 군사력과 정치권력을 보유한 자의 손에는 자율적인 사법권이 없었을

102

뿐 아니라 심지어 사법권 자체가 없었습니다. 사법적 분쟁이 부의 유통을 보증하는 한, 이러한 사법적 분쟁을 통제하고 명령할 권리—왜냐하면 그것이 부를 축적하는 수단이었기 때문에—는 가장 부유한 최강자들이 차지하고 있었습니다.

부와 군사력의 집중, 그리고 사법권력의 구성이 몇몇 사람의 손안에서 이루어지게 되는 것은 하나의 과정으로, 이 과정은 중세 초기부터 유효성을 갖기 시작하여 12세기 중반 또는 말에 최초의 거대 중세 왕조가 형성될 무렵에는 성숙한 단계에 이릅니다. 이때, 봉건사회와도, 카롤링거 제국과도, 옛 로마법의 질서와도 다른 완전히 새로운 것들이 등장합니다.

1) 사법은 이제 더는 개인 간의 분쟁에 의한, 또는 개인들이 몇 가지 청산의 규칙들을 자유롭게 수용함으로써 이루어지는 것이 아니라, 그와 반대로, 높은 곳으로부터 개인들에게, 당사자들에게, 당파들에 부과됩니다. 이제부터 개인은 더는 합법적으로든 비합법적으로든 자신들의 계쟁을 해결할 권리를 갖지 못합니다. 개인들은 이제 자신들 바깥에 있는 권력, 사법권력으로서 그리고 정치권력으로서 부과되는 권력에 복종해야 합니다.

2) 완전히 새로운 인물, 로마법에는 없었던 인물이

등장합니다. 바로 검사입니다. 유럽에서 12세기 무렵에 나타난 이 수상한 인물은 주권자, 왕 또는 주인의 대리자로서 등장합니다. 죄나 범법행위 또는 개인 간의 분쟁이 발생하는 즉시, 그러한 것이 발생했다는 사실만으로 검사는 침해된 권력의 대리자로서 나타납니다. 검사는 피해자의 대역을 맡아, 소송을 제기하는 사람의 배후에 존재하면서 "이 사람이 다른 사람을 침해한 것이 틀림없다면, 나는 주권자의 대리자로서 주권자와 주권자의 권력, 주권자가 통치하는 질서, 주권자가 제정한 법이 이 사람에 의해 마찬가지로 침해됐다고 단언할 수 있다. 따라서 나 역시 그의 반대편에 선다"라고 말합니다. 주권자, 정치권력은 이런 식으로 피해자의 대역이 되어, 서서히 피해자를 대신하게 됩니다. 완전히 새로운 이 현상은 정치권력이 사법 절차를 수중에 넣는 것을 가능케 해줍니다. 따라서 검사는 잘못tort에 의해 침해된 주권자의 대리자로서 등장하는 것입니다.

3) '범법행위'라는 완전히 새로운 개념이 출현합니다. 사법적 드라마가 피해자와 피고발자라는 두 명의 개인 사이에서 펼쳐지는 한, 그것은 어디까지나 한 개인이 다른 개인에게 저지른 잘못의 문제입니다. 문제는, 어떤 잘못이 발생했다면 거기서 누가 옳은지를 아는 것입니

진리와 법적 형태들

다. 주권자 또는 그 대리자인 검사가 "나 역시 잘못에 의해 침해당했다"라고 말하는 순간, 이는 잘못이 한 개인의 다른 개인에 대한 위배가 아니라, 한 개인의 국가에 대한 그리고 국가의 대표자로서의 주권자에 대한 위배가 된다는 것을 의미합니다. 즉, 개인에 대한 공격이 아니라 국가의 법 자체에 대한 공격입니다. 그러므로 죄의 관념에서 잘못이라는 낡은 관념이 범법행위 개념으로 대체됩니다. 범법행위는 한 개인이 타인에게 저지른 잘못이 아니라 개인이 질서, 국가, 법, 사회, 주권, 주권자에게 저지른 위배 또는 침해입니다. 범법행위는 중세적 사고의 가장 중대한 발명 중 하나입니다. 이렇게 우리는 중세 초에 어떻게 국가 권력이 모든 사법 절차, 계쟁의 개인적 해소의 메커니즘 전체를 몰수하는지 알 수 있습니다.

4) 아직 한 가지 발견이 더 남아 있습니다. 검사와 범법행위에 못지않게 악마적인 마지막 발명입니다. 바로 국가 또는 더 정확히는 주권자(왜냐하면 이 시대에는 국가에 대해 말할 수는 없었기 때문이죠)가, 침해된 쪽의 편일 뿐 아니라 보상을 요구하는 쪽의 편이기도 하다는 것입니다. 개인이 소송에서 지면, 그는 유죄를 선고받고, 또한 자신의 피해자에게 보상을 해야 합니다. 하지만 이 보상은 고대 봉건법이나 고대 게르만법의 보상이 전혀

아닙니다. 이제 문제는 상대방에게 빚을 갚고 평화를 되찾는 것이 아닙니다. 죄가 있는 자에게 요구되는 것은 그가 다른 개인에게 저지른 잘못에 대한 보상만이 아니라 주권자와 국가와 법에 대해 저지른 침해의 보상이기도 합니다. 이렇게 벌금 메커니즘과 함께 몰수 메커니즘이 등장합니다. 재산 몰수는 당시 탄생하고 있던 거대 왕조들에게는 소유지 확대와 재산 증식의 유력한 수단 중 하나였습니다. 서양의 왕조들은 사법의 전유에 기초를 두고 있었고, 이것이 몰수 메커니즘의 적용을 가능케 했습니다. 이것이 이러한 변형의 정치적 배경입니다.

이제 판결의 확립을 설명해야겠습니다. 검사가 주요 등장인물 중 하나인 이 절차의 끝은 어떻게 되는 건지 말입니다. 범법행위의 주요 희생자가 왕이라면, 첫 번째로 항의하는 것이 검사라면, 사법적 결론이 더는 시련 메커니즘에 의해서는 얻어질 수 없다는 것을 이해할 수 있습니다. 왕 또는 그의 대리인인 검사는 범죄가 발생할 때마다 매번 자신들의 목숨과 재산을 위험에 빠뜨릴 수는 없습니다. 피고와 검사의 대립은 두 개인의 다툼의 경우처럼 평등한 지반 위에서 이뤄지는 것이 아닙니다. 누가 유죄이고 누가 아닌지를 알기 위해서는, 두 명의 적이 서로 싸우는 시련 메커니즘이 아닌 새로운 메커니즘을 찾

진리와 법적 형태들

아내야 합니다. 전쟁 모델은 더는 사용될 수 없습니다.

그러면 어떤 모델이 채택될까요? 이것은 서양사의 중대한 순간 중 하나입니다. 문제를 해결하는 데에는 두 모델이 있었습니다. 첫 번째는 법-내적인 모델입니다. 봉건법 자체 안에는, 고대 게르만법 안에는, 집단이 자신의 전체성을 가지고 개입하여 누군가를 고발하고 유죄 판결을 요구하는 경우가 있었는데, 바로 현행범, 즉 죄를 저지른 바로 그 순간에 붙잡는 경우입니다. 그 경우 그를 붙잡은 사람들은 그를 주권자에게, 정치권력의 보유자에게 데려가 "우리는 그가 이러이러한 행동을 하고 있는 것을 보았다. 그러므로 그를 벌하거나 그에게 보상을 요구해야 한다"라고 말할 권리가 있었습니다. 따라서 법의 권역 안에 사법적 계쟁을 해결하는 데 쓰이는 두 가지 모델, 즉 집단적 개입의 모델과 권위에 의한 결정의 모델이 있었던 것입니다. 그것은 현행범의 경우, 즉 범죄가 행위의 현장actualité에서 포착된 경우였습니다. 이 모델은 당연히 개인이 범죄를 저지르고 있는 그 순간에 붙잡는 것이 아니면 사용할 수 없었는데, 당연히 이러한 경우가 훨씬 많습니다. 문제는 따라서 이러한 현행범 모델을 어떤 조건 아래서 일반화할 수 있을지, 그리고 그것을 정치적 주권과 정치적 주권자의 대리인들에 의해서 완전히

107

지배되는, 탄생 중인 새로운 법체계 속에서 사용할 수 있을지를 아는 것입니다.

실제로는 두 번째 모델인 사법-외적인 모델이 선호되었는데, 이것은 두 가지로 나뉘어져서 이중적으로 존재하고 도입되었습니다. 바로 카롤링거 제국 시대에 존재했던 조사l'enquête 모델입니다. 주권자의 대리인들이 법, 권력, 세금이나 관습, 지대나 소유권에 관한 문제를 해결해야 할 때, 완벽하게 의례화되고 규칙화된 어떤 것이 행해졌습니다. 인퀴시티오inquisitio, 즉 조사입니다. 권력의 대리인은 관습이나 법이나 소유권 문서 등에 대해 잘 안다고 여겨지는 사람들을 호출합니다. 그는 그런 사람들을 모아 진실을 말할 것, 자신이 알고 있는 것과 본 것, 또는 들어서 알고 있는 것에 대해 말할 것을 맹세하게 합니다. 그러고 나면 이들의 심의가 진행됩니다. 심의가 끝나면 이들은 문제의 해답을 요구받았습니다. 이것은 카롤링거 제국의 관리들이 정기적으로 행한 행정 관리의 한 방법입니다. 이 방법은 제국이 해체된 후에도, 정복왕 윌리엄[5]에 의해 영국에서 이용됐습니다. 1066년, 노르만의 정복자들이 잉글랜드를 점령했을 때, 그들은

5   [옮긴이] 노르만 왕조 초대 잉글랜드 왕, 재위 1066~1087년.

진리와 법적 형태들

앵글로색슨족의 재산을 갈취하고, 토착인들과 그리고 자기들끼리 재산 소유를 둘러싼 계쟁을 벌였습니다. 정복왕 윌리엄은 이 모든 것을 정리하고 새로운 노르만 인구를 앵글로색슨 인구에 통합하기 위해 소유권과 조세, 지대 체계 등의 실태를 대대적으로 조사했습니다. 이것이 그 유명한 토지 대장Domesday Book으로, 카롤링거 왕조의 황제들이 행한 옛 행정 관행인 조사와 관련하여 유일하게 우리에게 전해지고 있는 포괄적 사례입니다.

이 행정 조사 절차에는 몇 가지 중요한 특징이 있습니다.

1) 정치권력은 핵심적인 배역을 맡습니다.

2) 권력은 우선 질문과 심문을 통해 행사됩니다. 권력은 진실을 알지 못하며 진실을 알려고 합니다.

3) 권력은 진실을 확정하기 위해서 유력자들, 즉 그 지위 연령이나 부나 명성 등을 미루어 보아 알 만하다고 간주되는 사람들에게 질문합니다.

4) 『오이디푸스 왕』의 마지막에서 우리가 볼 수 있는 것과는 반대로, 왕이 유력자들에게 상담할 때는 폭력과 협박, 고문으로 진실을 강요하지 않습니다. 그들이 자유롭게 모이고 집단의 견해를 내놓도록 요구합니다. 그들이 진실이라고 여기는 것을 집단적으로 말하게 하는 것입니다.

이리하여 우리는 서양에서 알려진 최초의 거대 국가 형태의 행정 관리에 완전히 연결된, 진실 확립의 한 가지 유형을 갖게 됩니다. 그러나 이 조사 절차는 10, 11세기에 봉건제가 한창일 때의 유럽에서는 잊혔습니다. 만일 교회가 재산 관리를 위해 이 방법을 이용하지 않았다면 완전히 잊혔을 겁니다. 여기서 좀 더 복잡한 설명이 필요한데요, 교회가 카롤링거식 조사법을 새롭게 사용한 것은, 교회가 이미 카롤링거 제국 이전에 이 방법을, 행정적인 이유 때문이라기보다는 영적인 이유에서, 사용했었기 때문입니다.

사실, 중세 전반기의 교회, 메로빙거 왕조와 카롤링거 왕조의 교회에는 조사의 관행이 있었습니다. 비시타티오visitatio라 불리는 이 관행은 주교가 규정에 따라 자신의 교구를 순회 방문하는 것으로, 나중에 거대 수도원 질서에 계승됩니다. 주교는 한 장소에 도착하면 우선 inquisitio generalis 즉 일반 조사를 하는데, 이는 자신이 부재한 동안 발생한 일들에 대해, 가령 범죄나 잘못이 없었는지에 대해 알 만한 사람들—유력 인사들, 노인들, 현자들, 덕망가들—에게 물어보는 것입니다. 여기서 그런 일들이 있었다는 대답이 나오면 주교는 두 번째 단계인 inquisitio specialis 즉 특수 조사에 착수합니다. 이

진리와 법적 형태들

는 누가 무엇을 했는지, 누가 주범이며 행위의 성질은 무엇인지를 밝히는 것입니다. 마지막으로, 세 번째 사항은, 용의자의 자백은 조사를 어떤 단계에서든, 그것이 일반 조사이든 특수 조사이든, 중단시킬 수 있다는 것입니다. 죄를 저지른 자는 공개적으로 나와서 "그렇다. 죄가 저질러졌다. 그것은 이런 것이었다. 내가 그 주범이다"라고 표명할 수 있었습니다.

본질적으로 종교적인 이러한 영적 형태의 교회적 조사는 중세 내내 존속했으며, 행정적·경제적 기능을 갖게 됩니다. 10, 11, 12세기에 유럽에서 교회가 유일하게 응집된 정치-경제적 기관이 되자, 교회적 조사는 종교적 죄, 과오, 범죄에 대한 영적 조사인 동시에 교회 재산이 관리되는 방식 즉 수익이 통합, 집적, 분배되는 방식에 대한 행정 조사가 됩니다. 종교적인 동시에 행정적인 이 조사 모델은 12세기까지 존속됩니다. 국가가 탄생하고, 아니 오히려 주권자라는 인격이 모든 권력의 원천으로서 돌연 출현하여 모든 사법적 절차를 장악하기 전까지 말입니다. 이 사법적 절차는 더는 시련의 체계에 의해 기능하지 않습니다. 그렇다면 검사는 어떤 방법으로 누군가가 유죄인지 아닌지를 정할까요? 영적이고 행정적이며 종교적이고 정치적인 모델, 영혼을 관리, 감시, 감독하는

111

방법은 교회에 있습니다. 즉, 재산이나 부뿐 아니라 마음과 행동과 의도에 대해서도 주시하는 조사입니다. 사법적 절차에서 다시 채택된 것은 이 모델이었습니다. 왕의 검사는 교구와 본당과 마을에서 방문 사제들이 하던 것과 똑같은 것을 하게 됩니다. 그는 inquisitio, 즉 조사에 의해 범죄의 발생이 있었는지, 있었다면 어떤 것이고 누가 저질렀는지를 확인했습니다.

이것은 제가 발전시키고 싶은 가설인데요, 조사는 이중의 기원을 갖습니다. 카롤링거 왕조 시대의 국가의 출현과 결부된 행정적 기원, 그리고 중세에 줄곧 존재했던 종교적, 교회적 기원입니다. 왕의 검사—탄생 중인 왕조의 사법권—가 앞에서 말씀드린 현행범의 기능을 충족시키기 위해 이용한 것이 바로 이 절차입니다. 문제는 어떻게 현행범을 현행성의 영역 또는 장 바깥의 범죄로까지 일반화할 수 있느냐는 것이었습니다. 즉, 현행범이 없어서 범인이 누구인지 모르는 상황에서 왕의 검사는 용의자를 어떻게 사법적 심급 앞에 데려올 수 있느냐는 것입니다. 여기서 조사가 현행범 체포를 대신하게 됩니다. 만일 실제로, 사람들이 선서를 하게 하고 자신들이 본 것과 알고 있는 것과 들은 것을 보증하게 할 수 있다면, 그들을 통해서 실제로 무슨 일이 일어났는지를 확정

진리와 법적 형태들

할 수 있다면, 이 사람들을 통한 조사에 의해 간접적으로 현행범 체포에 해당하는 방편이 마련되는 것입니다. 그리고 현행성의 장 안에 있지 않은 몸짓과 행위와 부정 행위와 범죄를 마치 그것이 현장에서 붙잡힌 것인 양 취급할 수 있습니다. 여기서 우리는 현행성을 연장하는 새로운 방법, 그것을 한 시점에서 다른 시점으로 이전시키고, 그것이 마치 아직 현전하는 양 그것을 시선과 지식에 제시하는 방법을 갖게 됩니다. 일어난 일을 마치 우리가 거기에 현전했던 것처럼 재현행화하고 그것을 현전하는 것, 감각 가능한 것, 직접적인 것, 진짜인 것으로 만드는 조사 절차의 이러한 도입은 중대하고 결정적인 발견입니다.

이 분석에서 몇 가지 결론을 끌어낼 수 있습니다.

1) 우리는 보통 옛날의 야만적인 법droit barbare에서의 시련과 새로운 합리적 조사 절차를 대립시키곤 합니다. 앞에서 중세 초기에 누가 옳은지를 확정하는 데 사용된 여러 가지 방법들을 얘기했습니다. 우리는 그것이 야만적이고 비합리적이고 낡아빠졌다는 인상을 갖고 있습니다. 조사라는, 진실을 확정하는 합리적 체계에 마침내 도달하기 위해서는 12세기가 될 때까지 기다려야 했다는 사실에 우리는 놀랍니다. 그러나 저는 조사 절차가 단순

113

히 일종의 합리성이 진보한 결과라고 생각하지 않습니다. 조사에 도달한 것은 사법적 절차를 합리화한 결과가 아닙니다. 이러한 절차를 사법 영역에서 가능할 뿐 아니라 필연적인 것으로 만든 것은 정치적 변형과 새로운 정치적 구조 전체입니다. 조사는 중세 유럽에서 무엇보다 통치의 과정이며, 행정의 기술이며, 관리의 양상이었습니다. 달리 말하면 조사는 권력을 행사하는 특정한 방식이었습니다. 만약 우리가 조사에서 스스로에 대해 작동하는 이성, 스스로 형성되고 스스로 진보하는 이성의 자연스러운 결과를 본다면, 형성 중인 인식 주체의 인식 효과를 본다면, 이는 착각일 것입니다.

이성의 진보, 인식의 제련이라는 관점에서 만들어진 역사는 그 어떤 것도 조사가 합리성을 획득한 것에 대해 해명하지 못합니다. 조사의 출현은 복잡한 정치적 현상입니다. 언제, 어떻게, 그리고 왜 완전히 상이한 사법 절차로부터 이런 유형의 진실 확립 방법이 출현하는가를 설명해주는 것은 중세 사회의 정치적 변형에 대한 분석입니다. 인식 주체와 그 내적 역사를 아무리 참조해도 이러한 현상을 해명할 수 없습니다. 조사의 출현을 설명할 수 있는 것은 그저 정치적 파워 게임과 권력관계의 작용에 대한 분석뿐입니다.

2) 조사는 특정 유형의 권력관계로부터, 특정 유형의 권력 행사 방식으로부터 파생됐습니다. 그것은 교회로부터 법 영역에 도입된 것으로, 종교적 범주가 깊이 스며들어 있습니다. 중세 초기의 사고방식에서 본질적인 것은 잘못이며 두 개인 사이에서 일어난 일이었습니다. 과오나 범법행위는 없었습니다. 과오, 죄, 도덕적 유죄성은 전혀 개입하지 않았습니다. 문제는 침해가 있었는지, 누가 그것을 했는지, 그리고 침해를 당했다고 주장하는 자가 자신이 상대에게 제안한 시련을 견딜 수 있는지를 아는 것이었습니다. 과오도, 유죄성도, 죄와의 관련성도 없었습니다. 반면, 조사가 사법 실천에 도입되는 순간부터, 그것은 범법행위라는 중요한 개념을 동반합니다. 한 개인이 다른 개인에게 잘못을 하면, 언제나 그와 더불어 주권(최고권), 법, 권력에 대한 잘못이 있게 됩니다. 다른 한편, 조사의 모든 종교적 함의나 관련 때문에 그 잘못은 거의 종교적인 또는 종교적 의미를 갖는 도덕적 과오가 됩니다. 이렇게 12세기 무렵에 법적 저촉과 종교적 과오 사이에 기묘한 제휴가 생겨납니다. 주권자(최고권자)를 침해하는 것과 죄를 짓는 것이 서로 결합하기 시작합니다. 그 둘은 고전주의 법에서는 서로 깊게 결합되어 있습니다. 우리는 아직 이 제휴에서 완전히 해방되지 못했

115

습니다.

3) 정치 구조와 권력관계에서 일어난 이러한 변형의 결과로 12세기에 출현한 조사는 중세와 고전주의, 그리고 심지어 근대까지 모든 사법적 실천을 전면적으로 재편성했습니다(혹은 사법적 실천들이 조사의 주위에서 재편성됐습니다). 더 일반적으로 말하면, 이 사법적 조사는 다른 많은 사회적, 경제적 실천 영역과 많은 지식의 영역에 퍼졌습니다. 13세기부터 일련의 조사 절차들이 널리 퍼진 것은 왕의 검사들이 이끌었던 이러한 사법적 조사에서 시작되었습니다.

어떤 조사 절차들은 주로 행정적이거나 경제적인 것이었습니다. 인구의 상태와 부의 수준, 현금과 수입의 정도에 대한 실태 조사를 통해, 왕의 대행자들은 왕권을 확보하고 확립하고 증대시켰습니다. 이러한 방식으로 중세 말기와 17, 18세기에 경제적 지식, 국가의 경제적 운영에 대한 지식이 집적됩니다. 그로부터 국가의 규칙적인 행정 형태, 그리고 정치권력의 이전과 계속성의 형태가 생겨나고, 경제학과 통계학 등 여러 과학이 탄생합니다.

이러한 조사 기술들은 또한 권력 행사와 직접 관련되지 않은 영역에도 퍼져나갔습니다. 지식의 영역들 또는 전통적 의미에서의 인식의 영역들이 그것입니다.

진리와 법적 형태들

　14, 15세기 무렵부터 지리학과 천문학, 기후학 등의 영역에서 주도면밀하게 수집된 증언들을 통해 진실을 확립하려고 하는 유형의 조사가 등장합니다. 특히, 여행의 기술—권력 행사의 정치적 기획과 호기심과 지식의 획득을 위한 기획—이 나타나고 이것이 결국 아메리카 대륙의 발견을 이끌었습니다. 중세 말기를 지배한 모든 거대한 조사들은 결국 12세기에 탄생한 이 최초의 형태, 이 모체로부터의 부화이며 확산입니다. 16, 17세기부터의 의학, 식물학, 동물학 등의 영역들까지도 이러한 발산의 결과입니다. 12세기 이후 르네상스를 준비하기 시작하는 모든 거대한 문화적 움직임은 상당 부분 조사가 일반적인 지식 형태로서 꽃을 피우는 것, 그러한 발전의 움직임으로 규정될 수 있을 것입니다.

　르네상스의 알을 품고 있는 지식의 일반적 형태로서 조사가 발전하는 반면, 조사가 자기 안에서 르네상스를 부화시키면서 지식의 일반적 형태로서 발전하는 동안, 시련은 점차 사라져갑니다. 고문이라는 유명한 형태에서 시련의 요소들이나 잔재들을 발견할 수 있지만, 이것들도 이미 자백, 즉 검증의 시련이라는 목적에 의해 침윤된 것이었습니다. 시련과 조사라는 두 개의 절차 사이에 고문을 위치시킴으로써 고문의 전체 역사를 쓰는 것도 가

117

능할 것입니다. 시련은 사법적 실천에서 점차 사라지고, 또한 지식의 영역에서도 사라져갑니다. 두 가지 예를 들어보겠습니다.

첫 번째는 연금술입니다. 연금술은 시련을 모델로 하는 지식입니다. 이는 무슨 일이 일어났는지를 알기 위한, 진실을 알기 위한 조사가 아닙니다. 그것은 본질적으로 두 힘 사이의 대결입니다. 즉, 탐구하는 연금술사의 힘과 자신의 비밀을 감추는 자연의 힘 사이의 대결이며, 그림자의 힘과 빛의 힘 사이의 대결이고, 선한 힘과 악한 힘 사이의, 사탄의 힘과 신의 힘 사이의 대결입니다. 연금술사는 일종의 전투를 수행하는데, 그 전투에서 그는 동시에 관객—전투의 귀추를 지켜보는 자—이면서, 그 자신이 이길 수도 있고 질 수도 있다는 점에서 투사이기도 합니다. 연금술이라는 것은 시련의 화학적, 자연학적 형태라고 말할 수 있습니다. 연금술적 지식은 진실에 도달할 것을 약속하는 조사의 결과처럼 절대로 이전되거나 축적되지 않기 때문에 본질적으로 시련으로 규정될 수 있습니다. 연금술적 지식은 비밀스러운, 또는 알려진 절차의 규칙이라는 형태로만 전승됩니다. 가령, 여기서는 이렇게 해야 한다든가, 거기서는 이렇게 행동해야 한다든가, 이런 원칙들을 지켜야 한다든가, 어떤 기도를 하고 어

118

떤 텍스트를 읽으라든가, 어떤 암호들이 있어야 한다든가 하는 식입니다. 연금술은 본질적으로 절차들과 법적 규칙들의 집체corpus입니다. 연금술의 사라짐, 그리고 새로운 유형의 지식이 완전히 연금술의 영역 바깥에서 형성된 이유는 이 새로운 지식이 조사라는 모체를 모델로 취했기 때문입니다. 모든 조사적 지식, 즉 자연학적, 식물학적, 광물학적, 문헌학적 지식은 시련이라는 사법적 모델을 따르는 연금술적 지식에는 완전히 낯선 것입니다.

두 번째로, 중세 말기 대학의 위기 또한 시련과 조사의 대립이라는 관점에서 분석할 수 있습니다. 중세 대학에서 지식은 정해진 의례를 통해 나타나고 전달되며 정당화되었습니다. 그중 가장 유명하고 잘 알려진 것이 바로 디스푸타티오disputatio, 즉 논쟁입니다. 이것은 언어적 무기, 수사적 기법, 본질적으로 권위에 호소하는 증명 등을 사용하는 두 사람 사이의 대결입니다. 진실의 증인에게 호소하는 것이 아니라 힘의 증인에게 호소하는 것입니다. 논쟁에서는 자기 편에 많은 저자들을 가지고 있으면 있을수록, 권위와 힘과 무게를 갖는 증언—진실의 증언이 아니라—을 더 많이 내세울 수 있고, 그만큼 논쟁에서 이길 가능성이 커집니다. 논쟁은 시련의 일반적 도식을 따르는 증거의 형식이자 지식의 나타남의 형식이자

정당화 형식입니다. 반면 중세적 지식, 특히 피코 델라 미
란돌라[6]의 것과 같은 르네상스 백과사전적 지식은 정확
히 조사적 유형의 지식으로, 이것은 대학의 중세적 형태
와 충돌하게 됩니다. 보았다, 텍스트를 읽었다, 실제로 말
해진 것을 안다, 말해진 것을 알 뿐 아니라 그것의 대상
이 되는 주제의 본성에 대해서도 인식한다, 본성의 확인
에 의해 저자들이 말한 것을 검증한다, 저자들을 권위로
서가 아니라 증언으로서 사용한다, 이 모든 것이 지식 전
달의 형식에서 하나의 중대한 혁명을 이루게 됩니다. 연
금술과 논쟁의 사라짐, 또는 더 정확히 말해서 이것들이
완전히 경직된 대학의 형식들로 강등되고 16세기부터는
지식의 진정한 인증 형식들 안에서 어떤 현행성과 유효
성도 내세울 수 없게 된다는 것, 이것이 중세 말기에 나
타난 조사와 시련의 갈등 그리고 조사의 승리를 말해주
는 여러 신호 중 하나입니다.

결론으로 우리가 말할 수 있는 것은, 조사는 확실
히 지식의 내용이 아니라 지식의 형태라는 것입니다. 하
나의 권력 유형과 일정한 인식 내용들 사이의 결합 속에

---

6   [옮긴이] Pic de La Mirandole(1463~1494). 이탈리아 르네상스의 대표적
사상가.

진리와 법적 형태들

위치하는 지식의 형태인 것입니다. 인식되는 것과 그 인식의 맥락을 이루는 정치적, 사회적, 경제적 형태들 사이의 관계를 확립하려 하는 사람들은 보통 이 관계를 의식이나 인식 주체라는 매개를 통해서 확립하려 합니다. 그러나 저는 경제적-정치적 과정과 지식적 충돌 사이의 진정한 결합은 동시에 권력 행사의 양태이면서 지식 획득과 전달의 양태이기도 한 형태들 속에서 발견될 수 있다고 생각합니다. 조사는 정확히 하나의 정치 형태, 관리 형태, 권력 행사의 형태이며, 사법 제도를 통해 서양문화에서 진실을 정당화하고 참으로 간주되는 것들을 획득하고 그것을 전달하는 방식이 되었습니다. 조사는 지식-권력의 한 형태입니다. 인식적 충돌들과 경제적-정치적 결정들 사이의 관계에 대한 더 엄밀한 분석으로 우리를 이끌어줄 것은 분명 이러한 형태들에 대한 분석입니다.

121

지난번 강연에서 저는 중세에서 사법의 국가화 메커니즘과 그 효과가 어떤 것이었는지를 보여드리려 했습니다. 이제 제가 이번과 다음번 강연에서 '규율 사회'라는 이름 아래 분석하려고 하는 것이 형성된 시기인 18세기 말부터 19세기 초로 가보려 합니다. 현대 사회는 규율 사회라 불릴 만한데, 그 이유를 이제부터 설명하겠습니다. 저는 이 사회를 특징짓는 형벌 실천들의 형태들이 어떤 것인지, 이 형벌 실천들에 대한 권력의 암묵적인 관계가 어떤 것인지, 규율 사회인 현대 사회 안에서(그리고 그로부터) 출현하는 지식의 형태들, 인식의 유형들과 인식 주체의 유형들이 어떤 것들인지 보여드리려 합니다.

규율 사회의 형성은 18세기 말과 19세기 초의 모순되는 두 사태, 아니 더 정확하게는 외관상 모순되는 두 측면을 지닌 한 사태의 등장으로 특징지어질 수 있습니다. 그것은 유럽과 세계 여러 국가들에서 이뤄진 사법 체계와 형벌 체계의 개혁과 재편인데, 이러한 변화는 국가마다 그 형태와 규모와 연대기가 달랐습니다.

예를 들어 영국에서는 사법의 형태들은 비교적 안정

되어 있었으나 법의 내용이나 형사법적 처벌 대상이 되는 행위의 집합은 상당히 수정되었습니다. 18세기 영국에서는 교수대나 단두대 처형 대상이 되는 행위가 315가지가 규정되어 있었습니다. 즉, 사형으로 처벌되는 범죄가 315가지가 있었습니다. 이 때문에 18세기 영국의 형법에 대한 법규, 형법, 형벌 체계는 문명사상 가장 야만적이고 피가 낭자한 것들 중 하나였습니다. 이러한 상황은 19세기 초에 상당히 수정되지만, 사법적 형태나 제도는 크게 바뀌지 않았습니다. 프랑스에서는 반대로, 사법적 제도에서는 상당한 변화가 있었지만 형법의 내용은 바뀌지 않았습니다.

이 형벌 체계의 변화의 알맹이는 무엇일까요? 그것은 형법에 대한 이론이 새롭게 짜인 것으로, 이는 체사레 베카리아,[1] 제러미 벤담,[2] 자크 브리소,[3] 그리고 혁명기의 첫 번째, 두 번째 프랑스 형법에 대한 법규를 고안했

---

1   [옮긴이] Cesare B. H. di Beccaria(1738~1794). 이탈리아의 계몽사상가. 『범죄와 형벌』에 의해 죄형법정주의의 입장을 명시하고, 근대형법의 기초를 놓았다고 간주된다.

2   [옮긴이] Jeremy Bentham(1748~1832). 영국의 법학자, 철학자.

3   [옮긴이] Jacques P. Brissot(1754~1793). 프랑스의 정치가. 『프랑스의 애국자』라는 잡지를 발행하여 혁명기에 활약했다.

126

던 법률가들에게서 발견됩니다.[4]

이들이 규정한 형벌 이론 체계의 근본적인 원칙은 형법적 의미의 범죄 또는 전문적으로 말해서 범법행위는 도덕적 또는 종교적 과오와 더는 어떤 관계도 가지지 않아야 한다는 것입니다. 과오란 자연법, 종교법, 도덕법상의 범법행위입니다. 범죄 또는 형법적 범법행위는 정치권력의 입법적 측면에 의해 사회 내부에서 명시적으로 확립된 시민법과의 단절입니다. 범법행위가 있으려면 정치권력과 법이 있어야 하며, 이 법은 실효적으로 명문화되어야 합니다. 법이 존재하기 전에 범법행위는 있을 수 없습니다. 이 이론가들에 따르면 법에 의해 처벌 가능한 것으로 실효적으로 규정된 행위만이 처벌될 수 있습니다.

두 번째 원칙은, 좋은 법이려면 한 사회 내부에서 정치권력에 의해 명문화된 이러한 실정법이 단순히 자연법, 종교법, 도덕법을 실정적 용어로 치환한 것이어서는 안 된다는 것입니다. 형법은 단순히 사회에 유용한 것을 표상해야 합니다. 법은 사회에 해로운 것을 처벌 가능한 것으로 규정하는데, 그럼으로써 사회에 유용한 것을 부

---

4   [옮긴이] 첫 번째는 1791년, 두 번째는 1810년이다.

127

정적으로 규정합니다.

세 번째 원칙은 앞의 두 원칙으로부터 자연스럽게 도출됩니다. 범죄에 대한 단순하고 명쾌한 정의가 필요하다는 것입니다. 범죄는 종교적 죄phéché나 과오faute와 유사한 무엇이 아닙니다. 그것은 사회에 해를 끼치는 무엇입니다. 그것은 사회적 손해이고, 사회 전체에서의 문제이고 혼란입니다.

또한 이로부터 범죄자에 대한 새로운 정의가 나옵니다. 범죄자란 사회에 손해를 끼치고 사회를 혼란에 빠트리는 자입니다. 범죄자란 사회의 적입니다. 이는 앞에 열거한 이론가들 모두에게서 똑똑히 볼 수 있고, 범죄자란 사회 계약을 깨는 자라고 분명히 말하는 장자크 루소Jean-Jacques Rousseau에게서도 볼 수 있습니다. 범죄자란 내부의 적입니다. 범죄자는 내부의 적이라고 하는 이 관념, 범죄자는 사회 내부에서 이론적으로 확립된 계약을 깨뜨린 자라는 이러한 관념은 범죄와 형벌에 대한 이론의 역사에서 새롭고도 결정적인 정의입니다.

범죄가 사회적 손해라고 한다면, 범죄자가 사회의 적이라면, 형법은 그 범죄자를 어떻게 다루어야 하고 이 범죄에 어떻게 대처해야 할까요? 만약 범죄가 사회에 대한 혼란이라면, 만약 그것이 과오나 자연법, 신법 또는 종교

진리와 법적 형태들

법과 아무런 상관이 없다면, 형법이 복수와 속죄를 명하는 것일 수 없다는 점은 분명합니다. 형법은 그저, 사회에 야기된 혼란의 복구만을 허가해야 합니다. 형법은 개인이 사회에 초래한 손해가 해소되는 방식으로 만들어져야만 합니다. 만약 이게 불가능하다면, 해당 개인이나 다른 이에 의해 그 손해가 다시 발생하지 않아야 합니다. 형법은 피해le mal를 복구하거나, 사회체가 그와 유사한 피해들을 입는 일을 막아야 합니다.

이로부터 이 이론가들에게는 처벌의 네 가지 유형이 가능해집니다. 먼저, 다음과 같은 단언으로 표현된 처벌입니다. "너는 사회 계약을 파기했다. 너는 이제 더는 이 사회체에 속하지 않는다. 너는 스스로 합법성의 공간 바깥에 자리 잡았기 때문에, 우리는 이 합법성이 기능하는 사회 공간으로부터 너를 추방한다." 이는 베카리아, 벤담 등의 저자에게서 자주 보이는 생각으로, 근본적으로 단순히 사람들을 추방하고 유배하고 내쫓는 것, 또는 강제로 퇴거시키는 것을 이상적인 처벌로 생각하는 것입니다. 즉, 강제 이주입니다.

두 번째 가능성은 일종의 현장에서의 배제입니다. 물리적 강제 이주나 사회적 공간 밖으로의 이송이 아니라, 여론에 의해 구성된 공적, 도덕적, 심리적 공간 내부에서 격리하는 메커니즘입니다. 그것은 범법행위를 저지른 자에 대한 추문, 치욕, 수모의 수준에 있는 처벌의 관념입니다. 그의 과오를 공표하고, 공중에 그 인물을 노출하며, 공중에게서 혐오와 경멸, 단죄의 반응을 불러일으킵니다. 그것이 처벌이었습니다. 베카리아 등은 치욕과 수모를 유발하는 다양한 메커니즘을 고안했습니다.

세 번째 형벌은 사회적 손해의 복구로서의 강제 노동입니다. 이는 야기된 손해가 배상될 수 있는 방식으로, 국가나 사회에 유용한 활동을 하도록 강제하는 것입니다. 이렇게 우리는 강제 노동의 이론을 갖게 됩니다.

마지막으로 네 번째는, 손해가 다시 저질러지지 않도록 하는 처벌로서, 범죄자를 포함한 개인들이 자신들이 사회에 저지른 손해를 두 번 다시 저지르고 싶지 않도록, 자신들이 저지른 범죄에 혐오감을 느끼도록 하는 것입니다. 이를 위해 이상적인 처벌은 동해보복에 의한 처벌입니다. 즉, 살인한 자는 죽이고, 도둑질한 자는 재산을 몰수합니다. 18세기의 특정 이론가들의 생각에, 강간한 자는 비슷한 일을 겪어야만 합니다.

따라서 강제 이주, 강제 노동, 공적 치욕과 추문, 그리고 동해보복에 의한 처벌, 이것이 한 묶음을 이룹니다. 베카리아 같은 순수 이론가들뿐 아니라 브리소, 르 펠레

진리와 법적 형태들

티에 드 생파르조[5] 등 첫 번째 혁명 형법 작성에 참여한
법률가들에 의해서도 실질적으로 제출된 초안들입니다.
형법상의 범법행위 그리고 공적 유용성을 대변하는 법
에 대한 범법행위를 중심으로 한 처벌의 조직화에서 이
미 상당히 진보해 있었던 것입니다. 모든 것이 이로부터
파생됩니다. 처벌들의 틀이나 그것들이 적용되는 양식들
까지도 말입니다.

그리하여 이러한 기획, 이러한 법안, 이러한 명령이
의회에서 채택됩니다. 그러나 그 후 실제로 일어난 것, 그
러니까 프랑스에서는 왕정복고 시기였고 유럽으로 보면
신성동맹 시기였던 1820년 즈음에 형벌이 어떻게 기능
했는지를 관찰해보면, 형성 중에 있던 산업사회가 채택
한 형벌 체계는 그 몇 년 전에 계획되었던 것과는 완전
히 다른 것을 알 수 있습니다. 실천이 이론에 반하여 이
루어졌다기보다는, 실천은 베카리아나 벤담에게서 볼 수
있는 이론적 원리들을 곧장 우회했습니다.

형벌 체계를 다시 살펴보면, 강제 이주는 꽤 일찍부
터 사라졌고, 강제 노동은 일반적으로 보상적 기능이라

---

5   [옮긴이] Ferdinand Louis Felix Le Peletier de Saint-Fargeau(1760~1793).
프랑스의 정치인, 귀족, 프리메이슨이자 프랑스 혁명의 순교자였다.

131

는 점에서 순전히 상징적인 형벌이었으며, 추문 메커니즘은 실제로 작동되는 데까지 이르지 못했습니다. 그리고 동해보복에 의한 처벌은 충분히 발달한 사회에 너무도 낡은 것이라 비판받아 금세 사라졌습니다.

형벌에 대한 이러한 매우 명확한 계획들은, 베카리아가 가볍게 건드렸고 브리소가 아주 주변적으로만 다뤘던 꽤 기묘한 어떤 형벌에 의해 대체되었습니다. 바로 투옥emprisonnement, 즉 감옥입니다.

감옥은 18세기 형벌 개혁의 이론적 기획에 들어 있지 않았습니다. 그것은 사실상 제도로서는 19세기 초반에 이론적 뒷받침이 거의 없이 출현합니다.

감옥은 19세기에 실질적으로 일반화되는 형벌이지만 18세기의 프로그램 속에서는 예상되지 않았을 뿐 아니라, 형법적 입법은 이론적으로 확립된 것과 관련하여 놀라운 굴절을 겪게 됩니다.

실제로 형법의 입법은 19세기 초부터 한 세기 내내, 사회적 유용성이라고 부를 수 있는 것으로부터 점점 더 빠르게 비껴나게 됩니다. 그것은 더 이상 사회적 유용성을 표적으로 삼지 않고, 반대로 개인을 겨냥하는 것을 추구합니다. 그 예로 1825년부터 1850년에서 1860년에 걸친, 프랑스 및 기타 유럽 국가들에서 일어난 형법 입

진리와 법적 형태들

법의 대개혁을 들 수 있는데, 그 내용은 정상참작이라고 불리는 것의 조직화입니다. 즉, 법전에 쓰인 법의 엄격한 적용은 재판관의 결정에 의해 그리고 재판을 받는 개인에 따라서 변경될 수 있다는 것입니다. 사회적 이익만을 대표하는 보편적 법이라는 원칙은 정상참작을 실행하게 되면서 크게 위배되고, 정상참작의 중요성은 갈수록 커집니다. 게다가 19세기에 발전하는 형벌은 사회에 유해한 것을 추상적이고 일반적인 방식으로 정의하고, 사회에 유해한 개인을 쫓아내고, 재범을 막는 것을 점점 목표로 삼지 않게 됩니다. 19세기에 형벌은 사회에 대한 일반적인 방어보다는 개인들의 태도나 행동에 대한 심리적, 도덕적 통제와 개혁을 점점 더 고집하게 됩니다. 이는 베카리아에게 형벌의 대원칙은 '명문화된 법과 이 법에 위배되는 명백한 행동이 없이는 처벌도 없다'는 것이었다는 것을 생각하면, 18세기에 계획된 것과는 완전히 다른 형벌 형태입니다. 법과 명백한 범법행위가 없는 한 처벌은 있을 수 없다. 이것이 베카리아의 근본 원칙이었습니다.

　19세기에 모든 형벌은 개인들의 행동—그것이 적법한가 아닌가—에 대한 통제가 아니라, 개인들이 할지도 모르는 행동, 할 수도 있는 행동, 할 경향이 있는 행동, 곧

133

하려고 하는 행동에 대한 통제가 됩니다.

그래서 19세기 말 무렵의 범죄학과 형벌에서 중요한 개념은 형법 이론적 의미의 '**위험성**'이라는 논쟁적 개념이었습니다. **위험성** 개념은 개인이 사회에 의해 그의 행위의 차원이 아니라 그의 잠재성virtualité의 차원에서 고려되어야 한다는 것을 의미합니다. 즉 실제 법에 대한 실질적인 범법행위의 층위가 아니라, '**범법행위들이 표상하는 행동의 잠재성들의 층위에서**' 고려되어야 한다는 것입니다.

형법 이론이 베카리아보다 더 강하게 문제 삼은 마지막으로 중요한 지점은, 개인들의 행동에 대해 형법적으로 반응하는 것이 아니라 그들의 행동이 구상되는 순간에 그들의 행동에 대한 통제를 보장하려면 형벌 제도가 더는 자율적 권력, 사법적 권력의 손아귀 안에만 전적으로 있을 수 없다는 것입니다.

이렇게 해서 몽테스키외의 업적으로 여겨지는, 아니면 적어도 그에 의해 정식화된, 사법권과 입법권과 행정권의 중대한 분리는 부정당하게 됩니다. 개인들에 대한 통제, 개인들의 잠재성의 수준에서 이러한 종류의 처벌적, 형사적 통제는 법원 자체에 의해서는 이루어질 수 없고, 법원 주변의 일련의 보조적 권력들 즉 경찰과 감

진리와 법적 형태들

시 및 교정 제도의 네트워크에 의해 이루어지는데, 감시는 경찰이 맡아 수행하며, 교정은 심리학적, 정신의학적, 범죄학적, 의학적, 교육학적 제도들이 맡아 행합니다. 이렇게 19세기에는 **위험성**의 수준에서 개인을 통제하는 기능을 부여하기 위해, 개인을 평생에 걸쳐 틀 지을 거대한 일련의 제도들이 사법 제도 주변에서 하나둘 자리를 잡기 시작합니다. 학교 같은 교육제도, 병원, 정신병원, 경찰 같은 심리학적이거나 정신의학적인 제도…… 사법에 속하지 않은 권력의 이 모든 네트워크는 당시 사법이 자신에게 할당한 역할 가운데 하나, 즉 개인의 범법행위를 처벌하는 것이 아니라 그들의 잠재성들을 교정하는 역할을 채워야 했습니다.

이렇게 해서 우리는 제가 사회적 정형술orthopédie sociale이라고 부르는 것의 시대로 들어섭니다. 이는 우리가 이전에 알던 고유한 의미의 형벌 사회에 대조되는 하나의 사회 유형, 권력의 한 형태로서, 저는 이를 규율 사회라고 지칭합니다. 즉, 사회적 통제의 시대입니다. 앞서 인용한 이론가 중에는 모종의 방식으로 이러한 감시 사회, 거대한 사회적 정형술의 도식 같은 것을 예상하고 제시했던 사람이 있습니다. 벤담입니다. 철학사가들께는 죄송하지만, 벤담은 우리 사회에서 칸트나 헤겔Georg Hegel

보다도 더 중요하다고 생각합니다. 우리 사회는 각 부문에서 벤담에게 경의를 표해야 할 것입니다. 그는 우리의 삶을 에워싼 권력 형태들을 가장 정확하게 기획하고 규정하고 기술했으며, 이러한 일반화된 정형술의 사회에 대한 작지만 성대하고 경이로운 모델을 제시했기 때문입니다. 그 유명한 **일망감시장치[판옵티콘]**[6]인데요, 이는 일종의 정신에 대한 정신의 권력을 가능케 하는 건축 형태로서, 학교, 병원, 감옥, 소년원, 양로원, 공장에 적용되는 종류의 제도입니다.

판옵티콘은 고리 모양의 건물로, 그 가운데에는 뜰이 있고 그 중앙에 탑이 있습니다. 고리는 안쪽과 바깥쪽을 동시에 접하는 작은 방들로 나뉘어 있습니다. 이 각각의 방에는 시설의 목적에 따라 글씨 쓰는 법을 배우는 아이, 일하는 노동자, 교정을 받는 죄수, 광기를 드러내는 광인이 있습니다. 중앙의 탑에는 감시자가 있습니다. 각각의 방은 내부와 외부에 동시에 열려 있기 때문에, 감시자의 시선은 방 전체를 꿰뚫어 볼 수 있습니다.

---

6   Jeremy Bentham, *Panoptique. Mémoire sur un nouveau principe pour construire des maisons d'inspection, et nommément des maisons de force*, Paris, Imprimerie nationale, 1791 (réédité par Pierre Belfond, 1977)[제러미 벤담, 『파놉티콘』, 신건수 옮김, 책세상, 2007; 2019('리커버')].

진리와 법적 형태들

거기에는 어떤 어두운 부분도 없으며, 따라서 개인이 하는 행동 전부가 덧창이나 반쯤 열린 감시창을 통해서 관찰하는 감시자의 시선에 노출되는데, 감시자는 모든 것을 볼 수 있지만 반대로 아무도 그를 볼 수는 없습니다. 벤담에 따르면 이 작고 경이로운 건축학적 책략은 일련의 시설들에 사용될 수 있습니다. **판옵티콘**은 사실상 우리가 지금 경험하고 있는 형태의 사회와 권력 유형의 유토피아, 실제로 실현된 유토피아입니다. 이러한 유형의 권력은 완벽하게 판옵티즘(일망감시주의)이라는 이름을 부여받을 수 있습니다. 우리는 판옵티즘이 지배하는 사회에 살고 있습니다.

판옵티즘은 더는 조사가 아니라 그것과는 전혀 다른 무엇, 제가 검사라고 부르는 것에 기초한 권력 형태입니다. 조사는 사법적 실천에서 무슨 일이 일어났는지를 알기 위한 절차입니다. 그것은 지나간 사건에 대해서 이러저러한 이유로, 지식에 의해 또는 사건의 현장에 있었기에 그에 대해 알 만한 사람들에 의해 제시된 증언들을 통해 사건을 재현동화reactualiser하는 것입니다.

판옵티콘과 함께 완전히 다른 무언가가 탄생합니다. 이제 조사가 아니라 감시가, 검사가 있습니다. 더는 사건을 재구성하는 것이 문제가 아니라, 끊임없이 그리

137

고 완전하게 감시해야 할 무언가가, 아니 누군가가 문제가 됩니다. 교사, 작업 감독, 의사, 정신의, 교도관 등 누군가가 개인들을 끊임없이 감시하면서 그들에게 권력을 행사하고, 그가 권력을 행사하는 한, 감시가 가능한 만큼 그가 감시하는 자들에 관한 지식을 형성하는 것이 가능합니다. 이 지식은 더는 무슨 일이 일어났는지 아닌지에 대한 결정이 아니라 어떤 개인의 행동이 올바르며 규칙에 부합되는지, 그리고 더 나아지고 있는지의 여부에 대한 결정을 특징으로 하는 것입니다. 이 새로운 지식은 더는 "그 일이 일어났는가? 누가 그것을 했는가?"와 같은 질문을 둘러싸고 조직되지 않습니다. 그것은 더는 현전과 부재, 존재와 비존재에 입각해 정돈되지 않습니다. 그것은 규범을 중심으로, 정상인 것과 아닌 것, 올바른 것과 아닌 것, 해야 할 것과 아닌 것에 입각해 정돈됩니다.

따라서 우리는 중세 중반에 국가에 의한 사법의 독점을 통해 조직되었으며 증언을 통한 사실의 재구성이라는 수단을 획득함으로써 이루어졌던 조사라는 거대한 지식에 대립하는, 완전히 다른 유형의 새로운 지식, 개인들의 인생 전체에 걸쳐 이루어지는 통제를 통해 규범의 주위에서 조직되는 감시와 검사의 지식을 갖게 됩니다.

진리와 법적 형태들

검사[7]는 조사의 경우와 같이 관찰에 관련된 거대한 과학들이 아닌, 우리가 '인간과학'이라고 부르는 정신의학, 심리학, 사회학을 탄생시키는 권력적 토대이자 지식-권력 형태입니다.

이제 이런 일이 어떻게 일어났는지를 분석해보겠습니다. 어떻게, 한편으로는 몇 가지 사항을 분명하게 계획한 일정한 형법 이론이 생겨났으며, 또 다른 한편으로는 완전히 상이한 결과들을 산출한 실제 사회적 실천이 있었는가 하는 것입니다.

이 과정에서 가장 중요하고 결정적인 예 중 두 가지를 이어서 말씀드리겠습니다. 영국과 프랑스의 예입니다. 미국의 예도 중요합니다만, 여기서는 다루지 않겠습니다. 프랑스에서, 그리고 특히 영국에서, 일련의 통제 메커니즘, 즉 인구·주민population의 통제, 개인들의 품행에 대한 항상적 통제가 어떻게 존재하게 되었는지를 보여드리고 싶습니다. 이 메커니즘은 18세기에 몇 가지 필요에 대응하기 위해 막연한 형태로 형성되었는데, 점점 더 중요성을 갖게 되면서 마침내 사회 전체로 퍼지고 또한 형벌

---

7   [옮긴이] 문법적으로는 규범을 가리키지만, 내용상으로는 검사나 감시를 의미하기에 이렇게 옮겼다.

139

실천에 부과됩니다. 새로운 이론은 완전히 자신 밖에서 생겨난 이러한 감시라는 현상을 설명할 수 없었고, 그것을 계획할 수도 없었습니다. 18세기의 형법 이론은 중세에 형성된 사법적 실천, 즉 사법의 국가화를 추인한 것이라고까지 말할 수 있을 것입니다. 베카리아는 국가화된 사법의 관점에서 사고합니다.[8]

그는 어떤 의미에서는 위대한 개혁자였습니다만, 이 국가화된 사법의 측면에서 또는 그 외부에서, 새로운 형법 실천의 진정한 내용이 될 통제 절차가 탄생하고 있는 것은 보지 못했습니다.

이 통제 메커니즘은 어떤 것이며 어디서 왔고 무엇에 대응하는 것일까요? 영국의 예를 보죠. 18세기 후반부터, 상대적으로 낮은 사회 계층에서 상위 권력으로부터의 위임 없이, 질서를 유지하고 그들 자신을 위해서 질서를 보장하는 새로운 수단들을 창조해내는 임무를 자처하는 집단들이 자발적으로 형성됩니다. 이러한 집단이 많았으며 18세기 내내 증식했습니다.

---

8   Cesare Beccaria, *Dei Delitti e delle Pene*, Milan, 1764 (*Traité des délits et des peines*, trad. Collin de Plancy, Paris, Flammarion, coll. «Champs», 1979)[체사레 베카리아, 『베카리아의 범죄와 형벌』, 김용준 옮김, 이다북스, 2022; 체자레 벡카리아, 『범죄와 형벌』, 이수성·한인섭 옮김, 지산, 2000].

진리와 법적 형태들

연대순으로 따라가 보면, 우선 처음에 영국 국교회를 이탈한 비국교도 집단들—퀘이커파[9]와 감리교파[10]—이 스스로 자신들의 경찰을 조직했습니다. 이리하여 감리교도 중 예를 들어 존 웨슬리[11]는 마치 중세의 주교들처럼 감리교 공동체들을 시찰하면서 모든 경우의 무질서, 즉 만취, 간통, 노동에 대한 거부 등을 적발하고 다녔습니다. 퀘이커의 시찰동지회Les sociétés d'amis d'inspiration quaker도 비슷한 방식으로 기능했습니다. 이러한 단체들은 모두 감시와 부조라는 이중의 임무를 갖고 있었습니다. 이들은 생활수단을 갖지 못한 사람들 또는 늙거나 장애가 있거나 정신적 문제 때문에 일할 수 없는 사람들을 원조하는 임무를 맡았습니다. 그런데 이들은 원조를 하는 동시에 원조가 어떤 조건 아래서 이루어지는지를 주시할 가능성〔자격〕과 또한 〔그럴〕 권리를 자신들에게

---

9   [옮긴이] 17세기 잉글랜드 청교도 혁명 속에서 발생한 프로테스탄트의 일파. 시조는 조지 폭스(George Fox). 신도들이 집회에서 영적 경험을 했을 때 부들부들 떨었던 것에서 이 이름이 생겼다.

10   [옮긴이] 프로테스탄트 최대 교파 중 하나. 영국 국교회의 주교 존 웨슬리가 18세기 전반기에 창설하여 퍼졌다.

11   [옮긴이] John Wesley(1703~1798). 처음에는 영국 국교회의 성직자였으나, 옥스퍼드대학에 신앙적으로 열심인 친구들과 더불어 '신성클럽(Holy Club)'을 만들었다. 이 그룹이 '감리교'라고도 불리며, 그것이 나중에 웨슬리가 창설한 신앙 운동의 이름이 된다.

141

부여했습니다. 일하지 않는 사람의 경우 정말로 아픈지, 그의 가난과 비참이 방탕이나 음주나 악습에 의한 것이 아닌지 등을 주시하는 것입니다. 요컨대 이들은 상당히 종교적인 기원·역할·이데올로기를 가진 자발적 감시 집단들이었습니다.

둘째로, 원래부터 종교적인 이러한 공동체들 옆에, 이들과 일정한 거리를 유지하긴 하지만 이와 비슷한 협회들이 있었습니다. 예를 들어 17세기 말인 1692년 영국에서는 태도 개혁회Société pour la réforme des manières라는 꽤 특징적인 명칭을 가진 단체가 설립되었습니다. 윌리엄 3세[12] 시대의 영국에 100개의 지부와 아일랜드(더블린시에 한정되긴 했지만)에 10개의 지부를 가진 대단히 중요한 단체였습니다. 이 협회는 18세기에 한번 사라졌다가 웨슬리의 영향으로 18세기 후반에 부활했는데, 태도의 개혁을 계획했습니다. 즉 주일을 지키게 하고('짜릿한 영국의 일요일exciting dimanche anglais'은 상당 부분 이 거대 협회들의 활동에 빚지고 있습니다), 도박과 음주를 금지하고, 매춘, 간통, 주술, 신성모독 등 신에 대한 경시를

---

12   [옮긴이] 1650~1702. 1688년의 명예혁명에 의해 영국 왕위에 오른 국왕. 재위 1689~1702년.

진리와 법적 형태들

나타낼 수 있는 모든 것을 처벌하는 것입디다. 이러한 것은 웨슬리의 설교에 따르면 가장 비천한 밑바닥 계층이 경험이 없는 젊은이들을 이용하거나 그들의 돈을 갈취하는 것을 막기 위한 것이었습니다.

18세기 말경 이 협회는 한 주교와 궁중의 일부 귀족의 발상으로부터 시작된 다른 협회에 의해 그 중요성을 추월당합니다. 이 새로운 협회는 미덕과 연민의 장려에 대한 왕의 포고령을 획득했기에 '포고회Société de la proclamation'라고 불렸습니다. 이 협회는 1802년에 개편되면서 '악덕철폐회Société pour la suppression du vice'라는 특징적인 칭호를 받았는데, 이들의 목적은 주일을 지키게 하고, 호색적이고 외설적인 서적의 유통을 막고, 유해한 문학 작품을 고발하고, 도박장과 매춘시설을 폐쇄하는 것이었습니다. 이 협회는 아직 본질적으로 도덕적 기능을 갖고 종교 집단들과 가까웠지만, 이미 얼마간 세속화되어 있었습니다.

셋째로, 18세기 영국에서 우리는 더욱 흥미롭고 더욱 걱정스러운 다른 집단들을 만나게 됩니다. 바로 유사 군대의 성격을 가진 자위 집단들입니다. 이들은 세기말의, 아직 프롤레타리아적이지 않은 최초의 큰 사회적 소요들과 아직까지 강하게 종교적 함의를 띠었던 거대 정

143

치 및 사회운동들, 특히 고든 경 파 운동[13]에 대항해 나
타났습니다. 이러한 거대 민중적 소요들에 대항하여 부
자들, 귀족, 부르주아가 자위적 집단들을 꾸립니다. 이렇
게 해서 일련의 단체—런던보병부대, 포병회—가 권력
의 도움 없이, 또는 권력의 간접적인 지원을 받아 자발적
으로 조직됩니다. 이들 단체의 역할은 구나 시, 도 또는
주에 정치적, 형법적 질서가 지배하도록, 혹은 단순히 질
서가 지배하도록 하는 것이었습니다.

　　마지막으로 경제적 성격의 협회들입니다. 거대 회사
들과 상회들이 자신들의 자산, 재고, 상품과 런던항에 정
박된 자신들의 선박들을 폭도들과 범죄, 일상적 약탈과
절도로부터 지키기 위해 사설경찰업체와 같이 조직됩니
다. 이러한 경찰들은 사적 조직들을 가지고서 런던과 리
버풀 등의 대도시를 구역 단위로 경비했습니다.

　　이런 협회들은 사회적·인구통계적 필요, 도시화, 그
리고 시골에서 도시로의 인구의 대이동에 대응했습니다.
이들은 또한—나중에 이 주제로 다시 돌아오겠습니다
—중요한 경제적 변화와 새로운 형태의 부의 축적에도

13　　[옮긴이] 1778년 가톨릭교도의 신분 차별 완화에 대해 일어난, 고든 경
(George Gordon, 1751~1793)이 이끈 프로테스탄트협회가 일으킨 반대운동. 일
부가 폭도화하여 런던 사상 최대의 민중 폭동이 됐다.

144

대응했는데, 왜냐하면 부가 재고나 비축 상품, 기계 등의 형태로 축적되기 시작하면서 그것의 안전을 확보, 감시, 보장할 필요가 생겼기 때문입니다. 그리고 마지막으로 이들은 16, 17세기에 본질적으로 농민에서 시작되어 도시의 대규모 민중 저항이 되고 이후에 프롤레타리아 반란이 되는 새로운 정치적 상황, 새로운 형태의 민중적 반란에 대응했습니다.

18세기 영국에서의 이러한 자발적 단체들의 진화를 살펴보면 흥미로운데, 이러한 역사에는 삼중의 자리바꿈 déplacement이 있습니다.

첫 번째 자리바꿈을 살펴보죠. 이러한 집단들은 처음에는 거의 민중적이었고 프티부르주아적이었습니다. 17세기 말과 18세기 초에 악습을 철폐하고 태도를 개혁하고자 했던 퀘이커교도들과 감리교도들은 명백히 그들 사이에서, 그리고 그들 주변에서 질서가 지배하도록 하려는 목적에서 조직된 프티부르주아들이었습니다. 그러나 질서가 군림하게 한다는 이 의도는 사실 정치권력의 손아귀를 벗어나기 위한 방법이었는데, 왜냐하면 정치권력은 무시무시하고 공포스러우며 피비린내 나는 수단, 즉 형법을 보유하고 있었기 때문입니다. 교수형에 처해질 수 있는 이유가 300가지가 넘었습니다. 이는 권력과 귀족, 그

145

리고 사법적 장치를 보유한 자들에게는 서민층에 공포의 압력을 가하는 것이 너무도 쉬운 일이었다는 것을 의미합니다. 우리는 비국교도들이 왜 이 위협적이고 피비린내 나는 사법권력을 벗어나려 했는지 이해할 수 있습니다.

이 사법권력을 피하기 위해 개인들이 도덕 개혁 단체를 조직하고, 음주, 매춘, 절도 등 권력이 집단을 공격하고 파괴하거나 그들을 처형대로 보낼 구실이 되는 모든 것을 금지한 것입니다. 따라서 이는 실질적인 감시 집단이라기보다는 법-대항적 자위 집단이었습니다. 이러한 자율적 처벌 강화는 국가적 형벌을 피하는 방법이었던 것이죠.

그런데 18세기를 통과하면서 이 집단들은 그것이 도입될 당시의 사회적 위치를 바꾸어가고 점차 서민과 프티부르주아에서 사람들을 끌어들이지 않게 됩니다. 18세기 말에 이러한 도덕적 자위 집단들과 악덕 철폐를 위한 결사들을 장려하는 것은 귀족이나 주교, 가장 부유한 자들이 됩니다.

이러한 사회적 자리바꿈은 어떻게 이 도덕 개혁의 기획이 처벌적 자기방어이기를 그치고 반대로 형벌집행 당국의 권력을 강화하게 됐는지를 완벽하게 가리킵니다. 형벌당국이 보유한 무시무시한 형벌적 수단 외에도, 권

146

력은 이러한 압력과 통제의 도구들을 제 것으로 취해갔던 것입니다. 어떤 의미에서는 통제 집단의 국영화 메커니즘이라고 할 수 있겠습니다.

두 번째 자리바꿈은 이런 것입니다. 처음의 집단에게는 법과 다른 도덕적 질서가 지배하도록 하고 개인이 법을 피할 수 있게 하는 것이 문제였다면, 18세기 말에 이제 귀족과 부유층에 의해 지배되고 움직이는 이런 집단들은 이러한 도덕적 노력을 공인할 새로운 법에 대한 정치권력을 획득하는 것을 본질적인 목적으로 삼게 됩니다. 이렇게 도덕에서 형벌로 자리바꿈이 일어납니다.

셋째로, 이때부터, 이러한 도덕적 통제는 상층 계급에 의해, 권력을 가진 자들에 의해, 권력 자체에 의해, 하층과 가난한 서민층에 대해 행사된다고 말할 수 있습니다. 이리하여 그것은 빈곤 계급에 대한 부유한 계급의 권력의 도구, 착취되는 계급에 대한 착취하는 계급의 도구가 되고, 이로써 새로운 정치적, 사회적 양극성이 이 통제 심급들에 부여됩니다. 지금 제가 소묘하고 있는 이러한 진화의 말기에 해당하는 1804년의 한 텍스트를 인용해보겠습니다. 리처드 왓슨Richard Watson이라는 주교의 것으로, 그는 악덕철폐회에서 설교하면서 이렇게 말합니다. "법은 훌륭합니다. 그러나 불행하게도, 그 법은 하층 계

147

급에 의해서 위반됩니다. 상층 계급은 확실히 법을 별로 신경 쓰지 않습니다. 하지만 상층 계급이 하층 계급의 본보기가 되지 않는다면, 이 사실은 중요하지 않을 것입니다."

이보다 더 명백할 순 없습니다. 법은 훌륭하고, 빈자들에게 좋은 것이다. 그러나 불행히도 빈자들은 참으로 가증스럽게도 법을 회피하려 한다. 부자들도 법을 회피하지만 이는 중요치 않다. 왜냐하면 법은 그들을 위해 만들어진 것이 아니기 때문에. 그럼에도 불구하고, 그 결과 빈자들이 부자들을 따라 법을 지키지 않게 된다. 여기서 왓슨 주교는 부자들에게 말합니다. "법은 당신들을 위해서 만들어진 것은 아니지만, 당신들도 법을 따르는 것이 좋습니다. 그래야 적어도 빈자들에 대한 통제와 감시가 가능해지니 말입니다."[14]

이 점진적인 국가화에서, 통제의 심급들이 권력을 피하려는 프티부르주아 집단들의 손에서 실질적으로 권

14   Richard Watson (évêque de Llandaff), *A Sermon Preached Before the Society for the Suppression of Vice, in the Parish Church of St George* (3 mai 1804), Londres, Printed for the Society for the Suppression of Vice, 1804. 악덕 제거 및 종교 교육 협회는 1787년 조지 3세의 포고령을 지원하기 위해 설립됐던 악덕 및 부도덕에 맞서는 포고령 협회를 1802년에 계승하게 된다.

진리와 법적 형태들

력을 가진 사회적 집단의 손으로 넘어가는 이 과정에서, 이러한 진화 전체에서, 우리는 종교적 기원을 갖는 도덕이 어떻게 해서 국가화된 형벌 체계—정의상 도덕과 무관하며 도덕이나 종교와의 관계를 끊으려 했던—에 도입되고 유포되는지를 관찰할 수 있습니다. 17세기 말 영국에서 퀘이커나 감리교의 작은 집단들 속에서 등장하여 조장된 종교적 이데올로기는 이제 다른 극점에서, 사회적 계층의 다른 한쪽 끝에서, 권력 측에서, 위에서 아래로 행사되는 통제의 도구로서 우뚝 솟게 된 것입니다. 17세기의 자기방어, 19세기 초의 권력의 도구. 이것이 우리가 영국에서 볼 수 있는 과정의 메커니즘입니다.

프랑스에서는 이것과는 꽤 다른 일이 벌어졌습니다. 이는 영국에서는 17세기 부르주아 혁명을 거치면서 부분적으로 흔들렸고 18세기에는 더는 존재하지 않았던 강력한 국가 장치를 왕정 국가인 프랑스는 아직까지 유지하고 있었다는 사실로 설명이 가능합니다. 영국이 절대왕정에서 해방되면서 건너뛴 단계에 프랑스는 150년 동안 머물러 있었습니다.

프랑스의 이러한 강력한 군주제적 국가 장치는 이중의 기구에 의해 뒷받침되었는데, 고전적 사법기구인 고등법원과 법정, 그리고 준사법기구인 경찰—경찰의 발

149

명은 프랑스의 특기할 만한 부분입니다—이 그것입니다. 경찰은 치안총감들과 기마경찰대, 국왕 대리관들을 포함하고 있었고, 바스티유나 비세트르 같은 건축적 수단들, 즉 대규모 감옥들을 갖추었으며, 그 기묘한 봉인장lettres de cachet 같은 제도적 측면도 갖고 있었습니다.[15]

봉인장은 하나의 법률도 정부 명령도 아니고, 한 사람에 개인적으로 관련되고 그 사람이 뭔가를 하도록 강제하는 국왕의 명령입니다. 심지어 봉인장으로 누군가를 결혼시킬 수도 있었습니다. 하지만 대개의 경우 그것은 처벌의 수단이었습니다.

봉인장은 누군가를 추방하거나 직무를 해제하거나 투옥할 수 있었습니다. 그것은 절대왕정이 권력을 행사하는 강력한 수단이었습니다. 프랑스에서는 이 봉인장에 대한 연구가 많이 이루어졌으며, 그것을 뭔가 무서운 것으로, 누군가에게 벼락처럼 덮쳐서 그를 평생 투옥시킬 수도 있는 왕의 전제적 도구로서 분류하는 것이 일반적이게 되었습니다. 그러나 좀 더 신중할 필요가 있으며, 봉

15   원문에 프랑스어로 표기(편집자). 이하에서는 편의상 이탤릭은 생략했다. *Le Désordre des familles. Lettres de cachet des archives de la Bastille* (présenté par A. Farge et M. Foucault), Paris, Gallimard-Julliard, coll. «Archives», no 91, 1982를 볼 것.

진리와 법적 형태들

인장은 단순히 그런 식으로 기능한 것이 아니라고 말해야 합니다. 도덕을 내세운 단체들이 사실은 법을 면하기 위한 방편이었음을 앞서 보았듯이, 봉인장에 대해서도 꽤 기묘한 작동을 관찰할 수 있습니다.

　국왕이 송부한 상당한 양의 봉인장을 조사해보면, 대부분의 경우 그것을 송부하는 결정을 내린 이는 국왕이 아니라는 것을 알 수 있습니다. 몇몇 경우에 국가적인 사안들에 대해서는 국왕이 결정했습니다. 그러나 왕국이 송부한 봉인장 수만 개 중 대부분은 실제로는 다양한 개인들이 청원한 것이었습니다. 아내에게 모욕당한 남편, 자식들에게 불만이 있는 아버지, 누군가를 쫓아버리고 싶은 가족, 누군가에 의해 혼란을 겪고 있는 종교 공동체, 자신들의 사제가 마음에 들지 않는 마을 등입니다. 이러한 모든 개인이나 작은 집단들이 국왕의 치안총감에게 봉인장을 요구했고, 이 왕의 치안총감은 요구가 정당한지 아닌지를 조사했습니다. 그리고 정당한 경우 관할 장관에게 편지를 써서 부정을 저지른 아내, 방탕한 아들, 매춘하는 딸, 행실이 좋지 않은 사제 등을 누군가가 체포하는 것을 허락하는 봉인장을 보내라고 요구했습니다. 그래서 봉인장은—국왕의 가공할 전제적 도구라는 외관 아래서—일종의 대항 권력으로서, 즉 아래로부터 나

151

와 집단, 공동체, 가족 혹은 개인들이 누군가에게 권력을 행사하는 것을 가능케 하는 권력으로서 부여된 것이었습니다. 그것은 사회나 공동체가 자기 자신에게 행사하는 아래로부터의, 특수한 방식의 자발적 통제 수단이었습니다. 따라서 봉인장은 사회생활의 일상적인 도덕을 조절하는 방법이었고 가족, 종교 집단, 그리고 교구, 지역, 지방 단위의 집단 또는 집단들에게 그들만의 질서와 그들만의 경찰적 통제를 보장하는 방식이었습니다.

봉인장 요구의 계기가 되고 봉인장이 재가되는 품행〔행실〕을 관찰해보면, 세 가지 범주로 나눌 수 있습니다.

첫째, 부도덕한 품행이라고 부를 수 있는 범주로, 방탕, 부정, 남색, 만취 등입니다. 이러한 품행은 가족이나 공동체가 봉인장을 요구하는 원인이 되었고, 이는 즉각 받아들여졌습니다. 여기에는 그러므로 도덕적 압력이 존재합니다.

둘째, 종교적으로 위험하고 이교離敎적이라고 판단되는 품행들을 제재하기 위해 보내지는 봉인장이 있습니다. 이미 오래전부터 화형대에서 죽지는 않았던 마법사도 이렇게 해서 체포됩니다.

셋째, 흥미롭게도 18세기에는 노동쟁의의 경우에 봉인장이 꽤 많이 사용되었습니다. 고용인, 사장, 지배인은

152

견습생이나 조합 내 노동자가 만족스럽지 않을 때 탐탁지 않은 자들을 추방하고 쫓아낼 수 있었는데, 드물게 봉인장을 청원하기도 했습니다.

프랑스 역사상 최초의 파업이라고 할 수 있는 것은 1724년의 시계공들의 파업인데요, 사장들은 주동자들로 여겨지는 사람들의 위치를 파악한 후 국왕에게 편지를 써서 봉인장을 요구했고, 봉인장은 즉시 송부되었습니다. 얼마 후 왕의 장관이 봉인장을 철회하고 파업 노동자들을 방면하려고 하자, 이번엔 시계업자 조합에서 국왕에게 노동자들을 방면하지 말고 봉인장을 유지해달라고 청원합니다.

그러므로 우리는 여기서, 이제는 도덕과 종교가 아니라 노동 문제와 관련되어 있는 사회적 통제가 어떻게 아래로부터, 왕의 봉인장 제도를 통해서 당시 막 등장하기 시작한 노동 인구에 대해 행사되었는지를 볼 수 있습니다.

왕의 봉인장이 처벌을 명하면, 그 결과 개인은 투옥되었습니다. 흥미롭게도 17세기와 18세기의 형벌 체계에서 감옥은 합법적인 형벌이 아니었습니다. 법률가들은 이 점을 매우 분명히 하고 있어서, 그들은 법이 누군가를 처벌할 때 그 처벌은 사형, 화형, 능지처참, 낙인, 추방, 벌금이라고 단언합니다. 감옥은 형벌이 아닙니다.

　19세기의 주요한 형벌이 되는 감옥의 기원은 바로, 왕의 권력을 이용한 집단들의 자발적 통제인 이 봉인장이라는 준사법적 관행입니다. 누군가와 관련해 봉인장이 송부되면, 그 누군가는 목이 매달리지도, 인두질을 당하지도, 벌금을 내지도 않습니다. 그는 감옥에 갇히고, 거기서 무기한으로 머물러야 합니다. 예를 들어 봉인장이 아무개는 반년이나 1년 동안 감옥에 있어야 한다고 지정하는 일은 드물었습니다. 일반적으로 봉인장은 아무개는 새로운 명령이 있을 때까지 수감된다고 규정했고, 새로운 명령은 봉인장을 요구한 사람이 수감된 자가 교정됐다고 확언할 때에야 나왔습니다. 교정하기 위해 수감한다는 이런 생각, 고쳐질 때까지 수감자를 잡아둔다는 이러한 역설적이고 이상하며 인간 행동의 차원에서 아무 근거나 정당성도 없는 생각은 바로 이러한 실천에 기원을 두고 있습니다.

　또한 형벌은 범법행위에 대한 응답이 아니라 개인들을 그들의 행동, 태도, 기질, 그들이 드러내는 위험성 수준에서, 그들의 있을 법한 잠재성의 수준에서 교정하는 기능을 갖는다는 생각이 출현합니다. 개인의 잠재성에 적용되며 징역과 수용에 의해 그것을 교정하려는 이러한

154

형벌 형태는 정확히 말해 법의 세계에 속하는 것이 아니며, 범죄에 관한 법이론에서 탄생한 것도 아니고, 베카리아 같은 위대한 개혁자들에게서 나온 것도 아닙니다. 수감함으로써 교정하겠다는 이러한 형벌에 대한 생각은 경찰적 사고로, 법정의 바깥에서, 법정과 평행하게, 사회 통제의 실천들 속에서, 혹은 집단의 요구와 권력 행사 사이의 교환 체계 속에서 탄생한 것입니다.

여기서 이 두 가지 분석으로부터 다음번 강연에서 사용할 잠정적인 결론을 몇 가지 끌어내고 싶습니다.

문제는 다음과 같습니다. 원래는 특정한 몇몇 처분으로 귀결됐어야 할 형법에 대한 이론적 고찰의 총체가, 실제로는 완전히 다른 처벌 실천—그것 자체에 대한 이론은 19세기에 형벌 이론이나 범죄학의 부활과 함께 형성됐음에도—에 의해 교란되고 뒤집혔을까요? 왜 베카리아의 위대한 교훈은 잊히고, 밀려나고, 마침내 완전히 다른, 즉 개인들에 기초한, 개인들의 행동과 잠재성들에 기초한, 교정이라는 기능을 가진 형벌 실천에 의해 질식당해버렸을까요?

그 기원은 형벌의 울타리 바깥에 존재했던 실천이라고 생각합니다. 영국에서 이는 형법을 회피하기 위해서 집단들이 스스로 통제 기구들을 갖추는 것이었는데, 이

155

기구들을 결국 중앙 권력이 압수하게 됩니다. 정치권력의 구조가 달랐던 프랑스에서는, 17세기에 귀족이나 부르주아 그리고 폭도들을 통제할 목적으로 왕권이 만들었던 국가적 수단들이 사회 집단들에 의해 아래로부터 위쪽으로 재활용되었습니다.

그렇다면 '왜 이런 운동이, 이러한 통제 집단들이 생겨났는가, 그것은 무엇에 응답하는 것이었는가'라는 질문이 떠오릅니다. 그것이 원래 어떤 필요에 따른 것이었는지에 대해 우리는 이미 살펴보았습니다. 그런데 그들은 왜 이런 운명을 겪게 됐을까요? 왜 이러한 자리바꿈이 발생한 것일까요? 왜 권력 또는 권력을 가진 자들은 민중의 가장 아래층에 존재했던 이 통제 메커니즘들을 취했을까요?

이에 대한 답을 하려면 중요한 현상 하나를 고려해야 합니다. 바로 생산이 수용한 새로운 형태입니다. 제가 분석하려 한 과정의 기원에 존재하는 것은 부의 새로운 물질적 형태입니다. 정확히 말해서, 18세기 말의 영국에서 프랑스 등지에서보다 훨씬 더 많이 나타난 현상은, 점점 더 많은 재산과 부가 더는 순수하고 단순하게 화폐적이지 않은 자본의 내부로 투입됐다는 사실입니다. 16세기와 17세기의 부는 주로 토지 자산, 현금 화폐, 혹은 때

156

로는 개인이 환전할 수 있는 어음들로 이루어져 있었습니다. 18세기에, 더는 화폐 형태가 아닌, 새로운 유형의 물질성 안에 투여된 부의 형태가 출현합니다. 바로 상품, 재고, 기계, 공장, 원료, 수출용 상품 등에 담긴 부입니다. 그리고 자본주의의 탄생, 혹은 자본주의의 변형과 자본주의 정착의 가속화가 이러한 새로운 양식, 즉 부의 물질적 투자 속에 표현됩니다. 그런데 재고, 원료, 수입품, 기계, 공장 등으로 이루어진 이러한 재산은 약탈에 직접적으로 노출되어 있습니다. 빈자, 실업자, 구직자 같은 사람들이 이제 재산과 부와 직접적이고 물리적으로 접촉하게 된 것입니다. 18세기 말의 영국에서는 선박의 도난, 상점과 재고의 약탈, 공장들에서의 약탈이 흔한 일이 됩니다. 그리고 당연히, 당시 영국의 권력이 직면한 큰 문제는 이러한 새로운 물질적 형태의 부를 보호할 수 있는 통제 메커니즘을 수립하는 것이었습니다. 따라서 영국의 경찰 창설자인 커훈Colquhoun이 어떻게 해서 상인으로 시작해서, 한 선박회사의 의뢰로 런던의 하역 시설들에 저장되어 있는 상품들을 감시하기 위한 시스템을 만들게 됐는지 이해할 수 있습니다. 런던 경찰은 하역 시설, 창고, 상점, 재고를 보호할 필요에서 탄생했습니다. 이것이 이러한 통제를 절대적으로 필요로 하는 첫 번째 이유로, 이

157

러한 요구는 프랑스보다 영국에서 훨씬 강했습니다. 다른 말로 하면, 이것이 거의 민중적인 기반의 역할을 갖고 있던 이러한 통제가 특정한 시기에 위로부터 다시 취해진 이유입니다.

두 번째 이유는 영국과 프랑스에서 공히, 소규모 토지의 증가 그리고 토지의 분할 및 제한과 더불어 토지 소유의 형태가 변하게 된 것입니다. 그때부터 버려졌거나 거의 경작되지 않은 광대한 공간들이나 누구나 살 수 있는 공유지들은 더는 존재하지 않게 되었고, 이는 토지를 분할하고 파편화하고 폐쇄적으로 만들었으며, 지주들을 약탈에 노출시켰습니다.

그리고 특히 프랑스인들에게는 농민의 약탈과 토지 침탈에 대한, 빈번히 실업 상태에 처하고 빈곤을 겪으며 채소, 과일, 말 등을 훔치면서 되는 대로 살아가는 부랑자들과 농업 노동자들에 대한 영속적인 고정관념이 생겨납니다. 프랑스 혁명이 해결해야 하는 큰 문제들 중 하나는 이런 종류의 농민들이 행하는 노략질을 없애는 것이었습니다. 방데Vendée와 프로방스에서 대혁명의 제2막에 벌어졌던 대규모 정치 봉기들은 어떤 의미에서는 대농지 체제 아래서는 존재했던 생활수단들을 새로운 토지 분할 체계 안에서는 더는 갖지 못하게 된 소농민들과

158

농업 종사자들이 품은 불만의 정치적 결과였습니다.

따라서 18세기 말에 새로운 사회적 통제를 필연적인 것으로 만든 것은 산업적, 농업적 부에 대한 이러한 새로운 사회적, 공간적 분배였습니다. 권력에 의해, 산업 계급에 의해, 지주 계급에 의해 확립된 이 새로운 사회적 통제 체계는 다름아닌 서민적 기원 내지는 준서민적 기원을 갖는 통제로부터 채택되어, 여기에 권위적, 국가적 버전이 부여된 것입니다.

제 생각에는 이것이 규율 사회의 기원입니다. 다음번 강연에서 제가 18세기를 두고 윤곽만을 그린 이 움직임이 어떻게 19세기 사회에서 내재하는 정치적 관계의 한 형태가 되어 제도화되는지 설명해보겠습니다.

159

지난번 강연에서 저는 제가 판옵티즘이라 부른 것을 정의해보려 했습니다. 판옵티즘은 우리 사회의 특징 중 하나입니다. 판옵티즘은 개인들에게 행사되는 권력 유형으로서, 개별적이고 지속적인 감시라는 형식, 또 통제, 처벌, 보상이라는 형식, 그리고 교정 즉 특정한 규범들에 따른 개인의 형성, 변형이라는 형식을 통해 행사됩니다. 감시, 통제, 교정이라는 판옵티즘의 이 세 측면은 우리 사회에 존재하는 권력관계의 특징적이고 근본적인 차원이라고 생각합니다.

봉건사회 같은 사회에서는 판옵티즘과 같은 것은 전혀 발견되지 않습니다. 이는 봉건적 유형의 사회나 17세기의 유럽 사회들에서 사회적 통제나 처벌과 보상의 심급이 존재하지 않았다는 얘기가 아닙니다. 그러나 그것들이 배열되는 방식은 18세기 말과 19세기 초에 그것들이 정착된 방식과 완전히 달랐습니다. 우리는 오늘날 사실상 벤담이 설계한 사회에, 판옵티즘이 지배하는 일망감시적 사회에 살고 있습니다.

이번 강연에서 저는 판옵티즘의 등장이 일종의 역

설을 내포하고 있음을 보여드리고자 합니다. 판옵티즘이 등장한 바로 그때, 또는 더 정확히 말하면 그 바로 직전 몇 년 사이에, 본질적으로 엄격한 법률주의에 기초한 어떤 형법이론, 형벌과 처벌에 대한 어떤 이론이 형성되는 것을 볼 수 있습니다. 베카리아가 그 가장 중요한 대표자이죠. 이 형벌이론은 처벌의 사실과 처벌의 가능성을 명문화된 법률의 존재에, 그리고 범법행위에 대한 이 법률의 명백한 확인에, 그리고 최종적으로는 범법행위가 사회에 끼친 해tort를 가능한 한 복원하거나 예방하는 기능을 갖는 처벌에 종속시킵니다. 이러한 법률주의적 이론, 지극히 사회적이고 거의 집단주의적인 이론은 판옵티즘에 완벽하게 대립됩니다. 판옵티즘 아래서 개인들에 대한 감시는 우리의 행위의 층위가 아닌 우리의 존재의 층위에서, 우리가 행한 것의 층위가 아닌 우리가 행할 가능성이 있는 것의 층위에서 이루어집니다. 그와 더불어 감시는 점차 행위 자체의 법적 성격과 형법적 평가에 대한 고려를 그만두고 행위의 행위자를 개별화하게 됩니다. 판옵티즘은 따라서 그것에 앞서 수년간 형성된 법률주의적 이론에 대립됩니다.

실제로 주목해야 할 점이자 중요한 역사적 사실을 구성하는 점은, 이러한 법률주의적 이론이 그 주변에서 혹은 그 여백에서 형성된 판옵티즘에 의해서 처음에는 이중화되었고, 결국에는 가려지고 완전히 흐려지게 된다는 것입니다. 이것이 바로 17세기부터 19세기까지 사회적 공간 전체에 걸쳐 형성되고 자리바꿈의 힘force de déplacement에 의해 성숙된, 판옵티즘의 탄생입니다. 민중적 통제 메커니즘들에 대한 중앙권력의 이러한 독점이야말로 17세기의 진화를 특징지으며, 또한 어떻게 19세기의 벽두에, 이후 모든 실천과 일정 정도까지 형법 이론 전체를 뒤덮게 될 판옵티즘 시대의 막이 오르게 되었는지를 설명해줍니다.

권위 있는 인물 몇 명을 참조하여 저의 가설들을 증명해보겠습니다. 19세기 초의 사람들 또는 적어도 그중 몇몇은, 제가 다소 자의적이긴 하지만 벤담을 오마주하여 판옵티즘이라고 부른 것의 출현을 의식하지 못한 것은 아니었습니다. 사실, 몇몇 사람은 형벌과 국가적 도덕의 조직화에 의해 자기 시대에 일어나고 있던 것에 크게 관심을 갖고 고찰했습니다. 베를린대학 교수이자 헤겔의 동료이기도 했던 당대의 중요한 저자는 1830년 『감옥 강의Vorlesungen über die Gefängnisskunde』[1]라는 제목의 여러 권

1 　Nicolaus Heinrich Julius, *Vorlesungen über die Gefängnisskunde*, Berlin,

제5강

으로 된 대작을 써서 출판했습니다. 니콜라우스 율리우스Nicolaus Heinrich Julius라는 인물인데요, 이 분은 베를린에서 몇 년 동안 감옥에 관한 강의를 했는데, 어떤 때는 거의 헤겔적인 숨결이 느껴지는 놀라운 인물입니다. 한 번 읽어보시길 권합니다.

그의 『감옥 강의』에는 다음과 같은 구절이 있습니다. "현대의 건축가들은 이전에 알지 못했던 하나의 형식을 발견하는 중이다." "예전에는—그리스 문명을 말합니다—, 건축가의 최대 관심은 어떻게 하나의 인물, 하나의 행위, 하나의 사건으로 된 광경에 최대한 많은 사람들이 접근할 수 있도록 만드느냐의 문제를 해결하는 것이었다." 율리우스에 따르면 종교적 희생제의가 그 전형인데요, 이는 가능한 한 최대한 많은 사람들이 참여해야 하는 독특한 이벤트입니다. 연극도 이에 해당하는데, 연극은 따지고 보면 희생제의에서 파생됐습니다. 또한 서커스, 설교, 연설의 경우도 마찬가지입니다. 이러한 문제는 그리스 사회가 종교적 제의, 연극 또는 연설 등 일체성을 형성하는 강력한 이벤트들에 참여하는 공동체였기에 존

Stuhr, 1828 (Leçons sur les prisons, présentées en forme de cours au public de Berlin en l'année 1827, trad. Lagarmitte, Paris, F.G. Levrault, 1831).

166

재하는 것이었지만, 이 문제는 현대에 이르기까지 서양 문명을 줄곧 지배해왔다고 율리우스는 말합니다. 교회의 문제도 정확히 이것입니다. 미사에서의 희생이나 신부의 설교의 순간에는 모두가 거기에 있어야, 모두가 참례해야 합니다. "지금은, 현대의 건축가에게 주어진 근본적 문제는 정반대"라고 율리우스는 이어갑니다. "이제 우리는 가급적 많은 사람이 그들을 감시하는 역할을 맡은 단 한 명의 개인에게 광경으로서 주어지기를 원한다."[2]

이런 것을 쓸 때 율리우스는 벤담의 판옵티콘을, 더 일반적으로는 감옥 건축을, 그리고 어느 정도까지는 병원과 학교를 생각하고 있었습니다. 그는 더는 그리스의 것과 같은 광경의 건축이 아니라, 하나의 시선이 최대한 많은 얼굴과 몸, 행동, 최대한 많은 방을 일별할 수 있게 해주는 감시의 건축을 참조합니다. "그런데, 이 건축적 문제의 출현은 정신적, 종교적 공동체라는 형태 아래서 살아가는 사회의 소멸, 그리고 국가적 사회의 출현에 상관적이다. 국가는 모든 개인을 하나의 감시 아래 놓는 특정한 공간적, 사회적 배치로서 나타난다"라고 율리우스는 말합니다. 그는 두 건축 유형에 대한 분석을 마무리하면

2   *Leçons sur les prisons*, t 1, pp. 384-386.

167

서, "이는 단순히 건축의 문제가 아니며, 이 차이는 인간 정신의 역사에서 결정적인 것"[3]이라고 단언합니다.

광경에서 감시로의 이러한 전도 현상 혹은 판옵티즘 사회의 탄생을 알아차린 것은 율리우스만이 아니었습니다. 많은 텍스트에서 동일한 유형의 분석들을 발견할 수 있습니다. 그중 하나만 인용해보겠습니다. 국가 고문관이자 제국의 법률가였던 트레야르Jean Baptiste Treilhard가 쓴, 1808년 형사소송법의 서문입니다. 이 텍스트에서 트레야르는 "여기에 소개하는 형사소송법은 사법justice의 역사와 사법적 실천의 역사뿐 아니라 인간 사회의 역사에서도 진정으로 새로운 것이다. 이것으로 우리는 검사 즉 피고들 앞에서 국가 권력 혹은 사회 권력을 대표하는 자에게 완전히 새로운 역할을 준다"[4]라고 말합니다. 그리고 트레야르는 하나의 메타포를 사용하여 다음과 같이 말합니다. "검사는 범법행위를 저지른 개인의 소추만을 직무로 해서는 안 된다. 검사의 주요한 첫 번째 직무는 범법행위가 저질러지기도 전에 개인들을 감시하는 것이어야 한다."

3   *Ibid.*, p. 384.

4   Jean Baptiste Treilhard, *Exposé des motifs des lois composant le Code d'instruction criminel*, Paris, Hacquart, 1808, p. 2.

168

검사는 법이 위배됐을 때 움직이는 법의 위원이기만 한 것이 아닙니다. 검사는 무엇보다 하나의 시선, 주민을 향해 항구적으로 뜨여 있는 눈입니다. 검사의 눈은 정보들을 검찰총장의 눈에 전달해야 하고, 검찰총장은 또 그것들을 감시의 거대한 눈에 전달합니다. 당시에 이 눈은 경찰장관ministre de la Police이었습니다. 경찰장관은 정보들을 사회의 가장 높은 곳에 있는 자, 즉 황제의 눈에 전달합니다. 황제는 이 시대에 눈으로 상징되었습니다. 황제는 사회의 모든 범위에 미치는 편재하는 눈입니다. 황제의 눈에서 시작되어 피라미드형으로 배치된 시선들의 계열에 의해 보좌되는 눈이며, 이것이 사회 전체를 감시합니다. 트레야르에게, 제국의 법학자들에게, 프랑스 형법을 정초한 사람들—불행하게도 전 세계에 많은 영향을 끼친—에게는 이 거대한 시선의 피라미드가 사법의 새로운 형태를 이루었습니다.

저는 여기서 근대 산업자본주의 사회에 고유한 판옵티즘의 이러한 특징들이 현실화되어 있는 모든 기관을 분석하지는 않을 것입니다. 저는 다만 이 감시를 바닥에서, 그것이 아마도 덜 분명하게 나타나는 장소에서, 그것이 국가 권력 그리고 결정의 중심에서 가장 멀리 떨어져 있는 곳에서 이 감시를, 이 판옵티즘을 파악하고 싶습니

169

다. 이 판옵티즘이 가장 단순한 수준에서, 그리고 개인들의 삶과 신체의 틀을 형성하는 기관들의 일상적인 기능 안에서 어떻게 존재하는지를 보여드리고 싶습니다. 즉, 개인 삶의 수준에서의 판옵티콘을 보여드리고 싶습니다.

판옵티즘이란 무엇이며, 무엇보다 그것은 무엇을 위한 것인가? 수수께끼를 하나 내보겠습니다. 1840년부터 45년까지, 그러니까 제가 분석하려는 시기 중 초기에 해당하는 때에 프랑스에 실제로 존재했던 어떤 기관의 규정을 소개하겠습니다. 그것이 공장인지 감옥인지 정신병원인지, 아니면 수도원인지 학교인지 군대의 막사인지 말하지 않고 규정만 말해드릴 테니 어딘지 맞춰보십시오. 여기에는 미혼자 400명이 있는데, 이들은 매일 아침 5시에 일어나야 합니다. 5시 50분에는 단장을 마치고 침대를 정리하고 커피를 다 마셨어야 합니다.[5] 6시에 의무 노동이 시작되어 저녁 8시 15분에 끝나며, 중간에 한 시간의 점심시간이 있습니다. 8시 15분에 저녁 식사와 집단 기도가 있고, 9시 정각에 공동 침실로 돌아갑니다. 일요일은 특별한 날로, 규정 5조는 다음과 같이 말합니다. "우리는 일요일이 가져야 할 정신을 지키고자 한다. 따라

<hr>

5   원문에 프랑스어로 표기(편집자).

170

서 일요일은 종교적 의무의 달성과 휴식에 바쳐진다. 그러나 지루함은 일요일을 곧장 평일들보다 더 피곤하게 만들기 쉽기에, 이 날을 기독교적이고 쾌활하게 보내기 위해 다양한 훈련이 이뤄져야 한다.” 아침에는 예배를 한 다음에 읽기와 쓰기 훈련을 하고, 여가 활동을 마지막으로 오전을 마무리합니다. 오후에는 네 시간 동안 교리문답과 저녁 예배를 하고 나서 날씨가 춥지 않으면 산책을 하고, 추울 경우에는 합동 독서를 합니다. 예배와 미사는 인근 교회에서 하지 않는데, 왜냐하면 그렇게 되면 기숙생들이 바깥 세계와 접촉하게 되기 때문입니다. 따라서 교회가 바깥 세계와 접촉하는 장소나 구실이 되지 않도록, 종교적 행사들은 시설 내부에 설치된 예배당에서 행합니다. 규정에 따르면, “교구의 교회는 세상과의 접촉점이 될지도 모른다. 예배당이 건물 안에 할애되어 있는 것은 그 때문이다.” 외부의 신자들도 안에는 들어올 수 없으며, 기숙생들은 일요일의 산책 때 외에는 건물 밖으로 나갈 수 없는데, 그때에도 언제나 종교관계자의 감시가 붙습니다. 이 사람은 산책과 공동침실을 감시하고, 작업장의 감시와 경영을 맡았습니다. 즉, 이 종교관계자는 노동과 도덕의 통제뿐 아니라 경제적 통제도 책임지고 있었습니다. 기숙생들은 급여를 받지 않고 1년에 총 40프

171

랑에서 80프랑 정도로 정해진 대가를 받았는데, 이마저도 기숙사를 떠날 때 받을 수 있었습니다. 이성異性인 사람이 물질적 또는 경제적 이유로 시설에 들어갈 필요가 있을 때는 들어갈 사람을 최대한 신경 써서 골랐고, 그곳에서 최소한의 시간 동안만 머물러야 했습니다. 그리고 그는 침묵을 지키지 않으면 쫓겨납니다. 규정에 따르면 두 가지 일반적인 조직 원리가 있습니다. 첫째, 기숙생은 침실이나 식당, 작업장이나 복도에서 결코 혼자 있어서는 안 된다는 것입니다. 둘째, 모든 바깥 세계와의 교류는 피해야 하며, 하나의 정신만이 시설 안을 지배해야한다는 것입니다.

이것은 도대체 무슨 기관일까요? 사실 이 질문은 큰 의미가 없습니다. 왜냐하면 이것은 어떤 곳이든 상관없이 들어맞기 때문이죠. 남성용 시설일 수도 있고 여성용 시설일 수도 있으며, 아이들을 위한 시설일 수도 있고 성인용 시설일 수도 있으며, 감옥일 수도, 기숙사일 수도, 학교나 감화원일 수도 있습니다. 병원은 아닙니다. 왜냐하면 노동에 대한 얘기가 많기 때문이죠. 군대 막사도 아닙니다. 왜냐하면 일하는 곳이니까요. 정신병원일 수 있고, 유곽遊廓일지도 모릅니다. 사실은 그저 공장이었습니다. 론 지방의 여성공장으로, 400명의 노동자들이 있

진리와 법적 형태들

었습니다.[6]

누군가는 이것이 웃기려고 만들어낸 하나의 과장된 예시, 일종의 유토피아 같은 것이라고 말할 수도 있습니다. 감옥-공장, 수도원-공장, 노동자의 시간 전체를 그곳을 떠날 때에야 받을 수 있는 연 총액으로 한 번에 사들이는, 급료 없는 공장. 이런 것은 사장의 꿈 또는 자본가의 욕망이 항상 만들어내는 공상으로, 현실의 역사에서는 일어나지 않는 극단적 사례라는 것입니다. 저는 이렇게 답하겠습니다. 이 사장의 꿈, 이 산업적 판옵티콘은 실제로 존재했으며, 19세기 초에는 상당한 규모였다고. 프랑스 남동부의 한 지방에만, 이런 체제 아래서 일하는 직물 여성 노동자 4만 명이 있었습니다. 당시로서는 상당한 숫자입니다. 동일한 유형의 시설이 다른 지방이나 다른 나라들, 특히 스위스와 영국에도 있었습니다. 오언[7]이 개혁에 대한 생각을 낸 것은 이 때문이었습니다. 미국에

---

6   이것은 1840년, 앵 지방에 소재한 쥐쥐리외 직물공장의 규정이다. 푸코는 이 사례를 다음에서도 인용한다. *Surveiller et Punir. Naissance de la prison*, Paris, Gallimard, coll. « Bibliothèque des histoires », 1975, p. 305[미셸 푸코, 『감시와 처벌: 감옥의 역사』, 오생근 옮김, 나남출판, 1999, 430쪽].

7   [옮긴이] Robert Owen(1771~1858). 영국의 사회개혁사상가로 협동조합 운동의 선구자. 인간의 성격 형성에 사회 환경의 영향을 중시하고, 사회개량의 가능성을 강조한 점에서, 세계의 사회개혁운동에 매우 큰 영향을 미쳤다.

173

는 이 공장-감옥, 공장-기숙사, 공장-수도원의 모델에 따라 조직된 직물복합단지가 있었습니다.

그러므로 이는 당시로서는 경제적으로나 인구통계적으로나 매우 대규모적인 현상이었습니다. 그래서 우리는 그것이 사용자의 꿈이었을 뿐 아니라, 사용자의 달성된 꿈이었다고 말할 수 있습니다. 사실, 유토피아에는 두 종류가 있습니다. 결코 달성되지 않는다는 특징을 갖는 프롤레타리아의 사회주의 유토피아와, 종종 실현된다는 나쁜 경향을 가진 자본가의 유토피아입니다. 제가 말하고 있는 유토피아, 공장-감옥 유토피아는 실제로 실현된 것입니다. 그리고 그것은 공장에서만 실현된 것이 아니라 동시대에 등장한 일련의 시설에서 실현됐습니다. 기본적으로 동일한 원칙, 동일한 기능의 모델을 따른 여러 시설, 즉 학교, 고아원, 직업훈련소 같은 교육 기관들, 감옥, 감화원, 교호원 같은 교정 기관들, 병원, 정신병원, 미국인들이 수용시설asylums[8]이라고 부르고 한 미국 역사가가 최근에 책에서 분석한[9] 모든 것과 같은, 교정과 치료

---

8   [옮긴이] asylum은 원래 "사로잡을 권리가 없는 장소"라는 의미로, 범죄자의 도피처에서 바뀌어, 노인, 장애인의 보호시설이나 정신병원을 가리키게 됐다.

9   Erving Goffman (E.), *Asylums*, New York, Doubleday, 1961 (*Asiles. Études sur la condition sociale des malades mentaux et autres exclus*, trad. C. et L. Laîné,

진리와 법적 형태들

를 겸한 기관들에서 말입니다.

이 책에서 그는 서양 사회 전체에 퍼진 이런 종류의 건물과 시설이 어떻게 미국에 출현하게 됐는지를 분석하고 있습니다. 미국에서 이 역사는 쓰이기 시작했습니다. 다른 나라들에 대해서도, 특히 그것의 중요성을 평가하고 그 정치적, 경제적 영향의 정도를 측정하면서, 그러한 역사를 써야 합니다.

좀 더 들어가 보겠습니다. 산업적 시설만 있었던 것이 아니라 그 주변에 일련의 다른 시설도 있었지만, 실제로 일어난 것은, 산업 시설들이 어떤 의미에서는 완벽화된 것입니다. 그것들을 건설하는 데 노력들이 집중되었으며, 자본주의가 목표로 한 것도 그것이었습니다. 그러나 곧바로 그것은 지속성이 있지도, 자본주의에 의해 경영 가능한 것도 아니라는 것이 드러났습니다. 이런 시설들의 경제적 부담이 너무 무겁다는 것이 즉시 밝혀졌고, 이러한 공장-감옥의 엄격한 구조는 많은 공장을 매우 빠르게 파산으로 몰아넣었습니다. 결국 그것들은 모두 사라졌습니다. 실제로 생산의 위기가 찾아오고, 일정

Paris, Éd. de Minuit, coll. «Le Sens commun», 1968)[어빙 고프먼, 『수용소: 정신병 환자와 그 외 재소자들의 사회적 상황에 대한 에세이』, 심보선 옮김, 문학과지성사, 2018].

175

수의 노동자를 해고할 필요가 생기고 생산을 재조정해야 하게 되자, 또 생산의 증대가 가속화하자, 고정된 수의 노동자와 고정적으로 설치된 장비를 가진 이 거대한 건물들은 아무런 도움이 되지 않는다는 것이 드러납니다. 그것들이 채웠던 몇 가지 기능은 보존하되 이제 이 시설들은 없어지는 편이 낫게 됩니다. 산업계에서는 애초에 이 엄격하고 비현실적이며 다소 유토피아적인 시설들에 의해 채워졌던 기숙, 금고, 노동계급의 고정과 같은 기능들을 보장하기 위해 측면적이고 주변적인 기술들이 조직됩니다. 노동자 마을이 설립되고, 저축 금고와 원조 금고를 비롯해 노동자 인구, 즉 형성 중이던 프롤레타리아트를 생산 장치의 몸체 자체에 고정시키기 위한 일련의 수단이 창설되는 등 조치들이 취해집니다.

대답해야 할 질문은 다음과 같은 것입니다. 두 가지 형태—19세기 초반과 그 이후 학교, 정신병원, 감화원, 감옥 등에서 보이는 촘촘하고 강고한 형태, 그리고 이후의 노동자 마을, 저축 금고, 원조 금고 등의 기관에서 보이는 더 온건하고 확산된 형태—로 존재했던 이러한 유폐幽閉, réclusion 시설은 무엇을 겨냥했던 것인가?

언뜻 보기에 19세기에 제가 인용한 시설들에서 출현한 이 근대적 감시는 18세기에 발견되는 두 흐름 혹은

진리와 법적 형태들

경향들의 직접적인 유산이라고 말할 수 있을 것입니다. 한편에는 프랑스의 수용internement 기술이 있고, 다른 한 편에는 영국식의 통제 절차가 있었습니다. 지난번 강연에서 저는 영국에서 사회적 감시가 어떻게 해서 종교적 집단 내에서 그 집단 자신에 의해 행해진 통제에 그 기원을 두고 있는지, 그리고 특별히 그 집단들이 이단적 집단들이었다는 것, 또 프랑스에서는 어떻게 해서 사회적 감시와 통제가 감옥을 비롯한 감금 기관들을 주요한 처벌 수단으로 하는 국가 장치—개별적 이해관계에 의해 상당히 침투되어 있긴 했습니다만—에 의해 행해졌는지를 보여드렸습니다. 결과적으로 19세기의 감금은 영국에서 생겨난 도덕적, 사회적 통제와 일정한 장소, 건물, 시설, 건축물에서의 감금이라는 프랑스적이고 국가적인 제도의 결합이라고 말할 수 있을 것입니다.

그러나 19세기에 출현한 현상은, 이 모든 것에도 불구하고, 영국식 통제 양식에 비해서도 프랑스식 감금에 비해서도 새로운 것으로서 나타납니다. 18세기의 영국식 체계에서 통제는 집단에 의해서 개인에 대해, 혹은 집단에 속한 개인들에 대해서 행사되었습니다. 적어도 초기인 17세기 말과 18세기 초의 상황은 그랬습니다. 퀘이커교 신자들과 감리교 신자들은 자신들의 집단에 속한 사람들이나 그 집단 자체의 사회경제적 공간 안에 있는 사람들에 대해 항상 통제를 수행했습니다. 심급들이 위쪽으로, 국가 쪽으로 옮겨간 것은 나중의 일이었습니다. 개인이 자신의 집단에 의해 감시당할 수 있게 만드는 것은 그가 그 집단에 속해 있다는 사실이었습니다. 19세기에 형성되는 시설들 안에서는 이미, 개인이 감시되는 것은 집단의 구성원으로서가 전혀 아닙니다. 거꾸로, 그가 시설에 들어가게 되는 것은 바로 그가 개인이기 때문이며, 이 시설이 집단을 형성하고 감시당할 집합체를 형성하게 되는 것입니다. 우리가 학교에 들어가는 것은 개인으로서이며, 우리가 병원에 가거나 감옥에 들어가는 것도 개인으로서입니다. 감옥, 병원, 학교, 작업장은 집단 자체의 감시 형태들이 아닙니다. 개인들을 자신에게로 불러들여서 그들을 개별적으로 포착하고 통합하고, 이차적으로 그들을 집단으로서 형성하는 것은 감시의 구조 자체입니다. 따라서 감시와 집단의 관계에서, 이 두 시기 사이에는 결정적인 차이가 있다는 것을 알 수 있습니다.

프랑스 모델에 대해 말하자면, 19세기의 수용은 18세기 프랑스에서의 수용과도 또 다릅니다. 이 시대 (18세기)에는 수용되는 것은 항상 가족이나 사회적 집단, 지역 공동체에서 주변부화된 자의 문제였습니다. 규정 안에 들어와 있지 않은 자, 그러니까 그 자신의 품행, 방탕함, 생활의 불규칙성으로 인해 주변부화된 자의 문제였던 것입니다. 수용은 이러한 사실상의 주변부화에 이차적인 주변부화의 공간, 처벌의 공간으로 대응한 것이었습니다. 그것은 개인에게 이렇게 말하는 것과 같습니다. "네가 네 집단에서 분리되어 있으므로, 우리는 너를 완전히 또는 일시적으로 사회로부터 분리한다." 따라서 이 시대의 프랑스에는 배제의 유폐réclusion d'exclusion가 존재했습니다.

현대에서는 이들 시설—공장, 학교, 정신병원, 병원, 감옥—은 모두 배제가 아니라 거꾸로 개인을 고정시키는 것을 목표로 합니다. 공장은 개인을 배제하는 것이 아니라 생산 장치에 붙잡아 둡니다. 학교는 개인을 배제하지 않고 가두어 두면서 지식 전달 장치에 그들을 고정합니다. 정신병원은 개인을 배제하지 않고 교정 장치나 개인들에 대한 규범화 장치에 그들을 붙잡아 둡니다. 감화원이나 감옥도 마찬가지입니다. 설사 이러한 시설들이 결과적으로 개인의 배제를 낳는다고 해도, 그것들의 첫 번째 목표는 개인들을 인간의 규범화 장치에 고정하는 것입니다. 공장, 학교, 감옥, 혹은 병원의 목표는 개인들을 생산자들의 생산과 양성 또는 교정 절차에 붙잡아

179

두는 것입니다. 특정한 규범에 따르는 생산 또는 생산자들을 보장하는 것이 문제인 것입니다.

그러므로 개인들을 사회적 서클에서 배제하는 18세기의 유폐와 개인들을 생산자의 생산, 양성, 개조, 교정의 장치들에 붙잡아 두는 기능을 가졌던 19세기의 유폐를 대비할 수 있습니다. 후자는 배제에 의한 포함입니다. 이것이 제가 유폐réclusion와 격리séquestration를 구별하는 이유입니다. 18세기의 유폐가 본질적으로 주변부인들marginaux의 배제나 주변부성의 강화라는 기능을 가졌다면, 19세기의 격리의 목적은 포함과 규범화입니다.

마지막으로, 18세기와 비교하여 19세기의 유폐에 독창적인 양상을 부여하는 세 번째 종류의 차이가 있습니다. 18세기 영국에는 처음에는 분명히 국가 외적이고 반국가적이기까지 한 통제 절차가 있었습니다. 국가의 지배에 대한 일종의 반응으로서의 종교적 집단 방위로, 그것을 통해 자발적인 통제를 보장했습니다. 프랑스에서는 반대로, 통제가 기본적으로 봉인장[10]에 의해 이루어진 만큼, 적어도 그 형식과 수단들이 매우 국가화된 장치가 존재했습니다. 따라서 영국에는 완전히 국가 외적인 양식

10   원문에 프랑스어로 표기(편집자).

180

이, 프랑스에는 완전히 국가적인 양식이 존재했던 것입니다. 19세기에는 훨씬 더 온건하고 풍부한 새로운 무엇인가가 출현합니다. 학교, 공장 등, 정말로 국가적인지 아니면 국가 외적인지, 국가 장치에 속하는지 그렇지 않은지를 말하기가 어려운 일련의 시설들입니다. 실제로 시설에 따라, 국가와 상황에 따라, 이런 시설 중 어떤 것들은 국가 장치가 직접적으로 통제했습니다. 예를 들어 프랑스에서는 기본적인 교육 기관들이 국가의 통제를 받게 되기까지 갈등이 있었고 그것이 정치적 쟁점이 되었습니다. 하지만 제가 서 있는 위치에서 그 질문은 적절치 않습니다. 저는 그 차이가 그렇게 중요하다고 생각하지 않습니다. 새로운 점, 흥미로운 점은 국가와 국가적이지 않은 것이 이런 시설들 내부에서 사실상 혼동되고 착종된다는 것입니다. 국가 시설이냐 비국가 시설이냐보다는 오히려 국가 내적인intra-étatique 격리의 제도적 그물망이 존재한다고 말해야 합니다. 국가 장치와 국가 장치가 아닌 것 사이의 차이는 이 일반적 격리 장치의 기능들, 그 내부에 우리의 삶이 유폐되어 있는 이 격리의 그물망의 기능을 분석하는 데에서는 별로 중요하지 않은 것 같습니다.

이 그물망과 시설들은 무엇을 위한 것일까요? 우리는 이 시설들의 기능을 다음과 같이 특징지을 수 있습니

181

다. 첫째, 이 교육 시설, 의료 시설, 처벌 시설, 산업 시설은 개인들의 시간 전체 또는 거의 전체에 대한 통제와 책임을 이끈다는 기묘한 특성을 갖고 있습니다. 따라서 그것들은 어떤 의미에서는 개인들의 삶의 시간적 차원 전체를 책임집니다.

이 주제에 관련해서 저는 근대사회를 봉건사회와 대비할 수 있다고 생각합니다. 봉건사회, 또는 민족학자들이 원시라 부른 많은 사회에서는 개인들에 대한 통제는 기본적으로 국지적 귀속을 바탕으로, 즉 그들이 어떤 특정한 장소에 속해 있다는 사실에 기초하여 이뤄집니다. 봉건 권력은 인간들이 어떤 토지에 속해 있는 한에서 그들에게 행사됩니다. 국지적인 지리적 기입이 권력 행사의 수단인 것입니다. 권력 행사는 국지화localisation라는 매개에 의해 인간들 안에 기입됩니다. 반대로 19세기 초에 형성된 근대사회는 개인들의 공간적 귀속에 사실상 무관심하거나 상대적으로 무관심합니다. 근대사회는 토지나 장소에의 귀속이라는 형태로 개인들에 대해 공간적 통제를 하는 것에 관심이 없으며, 단지 인간들의 시간을 마음대로 쓸 수 있게 해주는 한에서만 그것에 관심을 갖습니다. 요컨대 인간들의 시간이 생산 장치에 제공되는 것입니다. 생산 장치는 인간들의 생존 시간, 삶의 시간을

진리와 법적 형태들

이용할 수 있어야 합니다. 통제는 이런 형식으로 이런 목적을 위해 행사됩니다. 산업사회가 형성되려면 두 가지가 필요합니다. 한편으로 인간들의 시간이 시장에 나와야 하며, 그것을 사고 싶은 사람, 임금을 대가로 그것을 사려는 사람에게 제공되어야 합니다. 그리고 다른 한편으로 인간들의 시간이 노동시간으로 변형되어야 합니다. 이 때문에 일련의 모든 기관에서 시간을 최대한 뽑아내는 것의 문제와 그런 기술을 발견할 수 있습니다.

제가 참고했던 예에서 우리는 이 현상을 응축된 형태로, 순수한 상태로 봤습니다. 아침부터 밤까지 그리고 밤부터 아침까지, 노동자들의 삶의 시간 전체가 하나의 시설에 의해 보수를 대가로, 한 번에 통째로 사들여집니다. 우리는 똑같은 현상을 다른 시설들―한 세기에 걸쳐 조금씩 생겨나는 폐쇄적인 교육 시설들, 감화원들, 고아원과 감옥들―에서도 볼 수 있습니다. 나아가, 다수의 확산된 형태들이 생겨났는데, 이는 특히 이런 공장-감옥을 경영할 수 없다는 것을 알게 됐을 때, 즉 노동자가 아침에 출근해서 일하고 저녁에 집으로 돌아가는 형태의 노동 유형으로 돌아갈 수밖에 없게 됐을 때부터였습니다. 이를 계기로 실질적으로 사람들의 시간에서 그 전체를 뽑아내지는 않더라도 그것을 노동시간으로 만들

183

기 위해 통제하는 시설들이 빠르게 늘어나는 것을 발견할 수 있습니다.

　19세기를 거치면서 축제의 폐지와 휴식시간 단축을 겨냥한 일련의 조치들이 취해집니다. 그리고 노동자의 경제(활동)를 통제하기 위한 매우 교묘한 기술이 한 세기에 걸쳐 만들어집니다. 한편으로는 경제가 필요한 유연성을 갖기 위해 필요하다면 개인들을 해고할 수 있어야 했고, 다른 한편으로는 노동자들이 어쩔 수 없는 실업 이후에 다시 노동을 시작하는 것이 가능하도록, 실업기간에 굶어 죽지 않도록, 노동자들이 비축금이나 저축을 가져야 했습니다. 이 때문에 영국에서는 1840년대, 프랑스에서는 1850년대에 임금 인상이 일어납니다. 그러나 노동자가 돈을 갖게 되더라도, 실업을 하기 전에 저축을 다 써버리면 안 됩니다. 그들은 자신들의 저금을 자신들 마음대로 쓰면 안 되며 파업이나 축제 같은 데 사용해서는 안 됩니다. 따라서 노동자의 저금을 통제할 필요가 생깁니다. 그래서 1820년대에, 그리고 특히 1840년대와 1850년대에 노동자들의 저금을 유도하고 그 사용법을 통제하는 저축 금고, 원조 금고가 만들어집니다. 이런 식으로 노동자의 시간은, 낮의 노동시간뿐 아니라 삶 전체의 시간이, 실질적으로 생산 장치에 가장 좋은 방식으

진리와 법적 형태들

로 쓰이게 됩니다. 이렇게 해서, 표면상으로는 보호와 안전을 위해 마련한 제도라는 형식을 띤, 인간의 삶의 시간 전체가 노동 시장과 노동의 요구의 처분 아래 놓이는 메커니즘이 확립됩니다. 시간의 완전한 추출은 이 예속화assujettissement 제도들의 첫 번째 기능입니다. 이 시간의 일반적 통제가 선진국들에서 어떻게 소비와 광고 메커니즘에 의해 이뤄지고 있는지 보여주는 것도 가능할 것입니다.

예속화 제도들의 두 번째 기능은 개인들의 시간을 통제하는 것이 아니라 단순히 그들의 신체를 통제하는 것입니다. 이러한 제도들에는 뭔가 대단히 기묘한 것이 있습니다. 그것은 그것들이 모두 표면적으로는 특수화되어 있음─생산을 위한 공장, 치료를 위한 병원과 정신병원, 교육을 위한 학교, 처벌을 위한 감옥─에도 불구하고, 이 제도들의 기능은 그것들의 특정한 표면적인 목적들을 크게 벗어나는, 삶의 일반적 규율을 내포하고 있다는 것입니다. 예를 들어 19세기 초반의 공장 경영자들에게 부도덕(성적 부도덕)이 얼마나 심각한 문제였는지를 살펴보면 매우 흥미롭습니다. 그리고 이는 단순히 출생률 문제에 관련해서만은 아닙니다(출생률은 적어도 인구통계학적 사건의 수준에서는 좀처럼 통제하지 못했습니

185

다). 이유는, 경영자가 노동자의 방탕, 노동자의 성생활을 용납할 수 없었다는 것이었습니다. 마찬가지로, 치료를 위한 병원과 정신병원에서 왜 성적 행위가 금지되는지도 의문입니다. 몇 가지 위생적 이유를 들 수도 있을 겁니다. 그러나 그런 이유들은 일종의 일반적, 근본적, 보편적 결정에 비하면 주변적인 것인데, 이 일반적 결정이란 병원이 본래적으로 개인들에 대해 갖는 특정한 역할뿐 아니라 그들의 삶 전체를 떠맡아야 한다는 것입니다. 왜 우리는 학교에서 읽고 쓰기만을 배우는 게 아니라 손 씻기를 의무화할까요? 이러한 삶의 통제라는 기능에는 일종의 다형성과 다기능성, 경솔함, 신중하지 못함, 혼합주의가 존재합니다.

그러나 개인들의 삶 전체가 이러한 제도들에 의해 통제되는 이유들을 더 가까이서 분석해보면, 단순히 시간을 최대한으로 뽑아내고 활용하는 것뿐 아니라, 사실상 개인의 신체를 특정한 체계에 따라 통제하고 변형하고 평가하는 것이 문제였다는 것을 알 수 있습니다. 만일 신체에 대한 사회적 통제의 역사를 쓴다면, 18세기까지 개인들의 신체는 기본적으로는 고통이나 처벌이 기입되는 표면입니다. 신체는 고통을 주거나 벌을 주기 위한 것입니다. 그런데 19세기부터 출현한 통제 심급들 안에

186

서 이미, 신체는 완전히 상이한 의미를 갖습니다. 그것은 고통당하는 무언가가 아니라 형성되고 개조되고 교정되어야 할 무엇이며, 어떤 능력을 획득하고 일정한 자격들을 부여받으며 노동이 가능한 신체로서 인정받는 무엇입니다. 이렇게 우리는 예속화의 두 번째 기능이 확실하게 출현하는 것을 봅니다. 첫 번째 기능은 인간의 시간, 인간의 삶의 시간을 노동시간으로 변형시키면서 그것을 최대한 뽑아내는 것이었습니다. 두 번째 기능은 인간의 신체를 노동력으로 만드는 것입니다. 신체를 노동력으로 변형시킨다는 기능은 시간의 노동시간으로의 변형이라는 기능에 대응합니다.

이 예속화 제도들의 세 번째 기능은 새롭고 기묘한 유형의 권력을 만들어내는 것입니다. 이 제도들에서 작동하는 권력은 어떤 형태일까요? 다형적이고 다기능적인 권력입니다. 한편으로, 어떤 경우들에서는 경제적 권력이 존재합니다. 공장의 경우 경제적 권력이 공장주의 것인 생산 장치 안에서의 노동시간에 대한 대가로 임금을 제공합니다. 또 이것과 다른 유형의 경제적 권력도 있는데, 몇몇 병원 시설에서 치료가 유료라는 것입니다. 하지만 다른 한편, 이 모든 기관에는 경제적일 뿐 아니라 정치적이기도 한 권력이 존재합니다. 이러한 기관들의 관리

187

자들은 명령을 내리고 규칙들을 만들며 조치를 취하고, 어떤 개인은 쫓아내고 어떤 개인은 수용하는 권리를 부여받습니다. 셋째, 경제적이면서 정치적인 이 권력은 또한 동시에 사법권력이기도 합니다. 이러한 기관들에서는 명령을 내릴 뿐 아니라 결정들을 내리며, 생산이나 훈련 같은 기능들을 가질 뿐 아니라 처벌과 보상의 권리를 가지며, 심판의 심급들 앞에 출두시키는 권력을 갖습니다. 이러한 기관들의 내부에서 작동하는 미시권력은 동시에 사법권력이기도 합니다. 이는 놀라운 것으로, 예를 들어 감옥의 경우, 개인들은 법정에서 심판을 받고 거기로 보내져서 그들의 삶이 일종의 미시 법정의 관찰 아래 놓이게 되는데, 교도관들과 감옥 소장으로 구성된 영속적인 작은 법정은 아침부터 밤까지 그들을 그들의 행동에 따라 처벌합니다. 학교 시스템 또한 하나부터 열까지 일종의 사법권력에 기반하고 있습니다. 모든 순간을 벌하고 보상하고 평가하고 분류하며, 누가 가장 잘하고 누가 가장 못하는지를 이야기합니다. 결과적으로 사법권력 모델의 역할을 답습하는, (그 일반적 기능을 고려하지 않는다면 상당히 자의적인) 사법권력입니다. 누군가에게 무엇인가를 가르치기 위해 왜 벌을 주거나 보상을 해야 할까요? 이 시스템은 자명한 것처럼 보이지만 잘 생각해보

진리와 법적 형태들

면 그 자명성은 사라집니다. 니체를 읽어보면 사법적, 정치적, 경제적 권력 장치의 내부에 머물지 않는 지식 전달 체계를 생각할 수 있다는 것을 알게 됩니다.

마지막으로 권력의 네 번째 특성이 있습니다. 어떤 의미에서는 이러한 다른 권력들을 횡단하고 고무하는 권력입니다. 그것은 인식론적 권력으로서, 개개인으로부터 지식을 추출하고, 시선에 종속되어 있고 다양한 권력에 의해 이미 통제되고 있는 이 개인들에 대한 지식을 추출하는 권력입니다. 이는 두 가지 방식으로 이루어집니다. 예를 들어 공장 같은 시설에서는 노동자의 작업과 자신의 작업에 대한 노동자의 지식, 기술적 개선, 작은 발견들과 발명들, 작업에 적용할 수 있는 사소한 응용 등에 대한 노동자의 지식이 즉시 주목되고 기록되며, 따라서 이것이 감시라는 매개를 통해 노동자에게 행사되는 권력에 의해 그의 작업으로부터 추출되고 축적됩니다. 이런 식으로 노동자의 노동은 조금씩 어떤 생산성에 대한 지식 속에 또는 어떤 생산에 대한 기술적 지식 속으로 포함되며, 이 지식은 통제의 강화를 가능케 합니다. 따라서 우리는 어떻게 개인들 자체로부터 추출되는 지식이 그들 자신의 행동에 근거하여 형성되는지를 봅니다.

그뿐 아니라, 이로부터 이차적으로 형성되는 지식이

189

있습니다. 개인들에 대한 관찰과 분류, 그들의 행동에 대한 분석과 기록, 그것들의 비교로부터 나오는 개인들에 관한 지식입니다. 이렇게 해서 모든 격리 시설 특유의 이러한 기술적 지식 곁에서 하나의 관찰적 지식이, 정신의학적, 심리학적, 사회심리학적, 범죄학적 지식과 같은 이른바 임상적 지식이 생겨나는 것을 볼 수 있습니다. 이리하여 권력 행사의 대상으로서 개인들은 그들 자신이 형성했고 새로운 규범들에 따라 재기입되고 축적될 지식의 원천으로서, 또는 새로운 통제 형식들을 또한 가능케 할 지식의 대상들로서 존재하게 됩니다. 이런 식으로, 예를 들어 정신의학적 지식이 탄생하고 발전했으며, 이것이 프로이트가 최초로 그것과 단절할 때까지 계속된 것입니다. 정신의학적 지식은 실질적으로 그리고 배타적으로 의사들에 의해 수행된 관찰의 장으로부터 형성되었는데, 의사들은 수용시설_{asile}이라는 정신병원의 닫힌 시설의 장 내부에서 권력을 보유하고 있었습니다. 마찬가지로, 교육학은 학업에 대한 아이들 자신의 적응, 아이들의 행동으로부터 관찰되고 추출된 적응들로부터 형성된 다음, 다시 기관들의 법칙과 아이들에게 행사되는 권력 형태들이 됩니다.

격리 시설들의 이러한 세 번째 기능—지식과 권력

진리와 법적 형태들

의 작용, 이러한 기관들 속에서 동시에 경합하면서 작동하는 지식과 다양한 권력의 작용—안에서 시간의 힘과 노동력은 변형되어 생산 속에 통합됩니다. 삶의 시간은 노동력이 되고 노동력은 생산력이 되며, 이 모든 것이 일련의 기관들을 도식적으로 그리고 일반적으로 격리 시설로 규정하는 작용에 의해 가능해집니다. 이러한 격리 시설들을 자세히 살펴보면, 그것의 삽입 지점과 특수한 적용 지점이 무엇이든 상관없이, 항상 하나의 일반적 도식, 하나의 거대한 변형 메커니즘을 발견하게 됩니다. 즉 어떻게 인간의 시간과 신체를, 인간의 삶을 생산력이라는 것으로 만들 수 있느냐는 것입니다. 이 메커니즘의 총체가 격리에 의해 확보되는 것입니다.

마지막으로, 조금 거칠지만 몇 가지 결론을 제시하겠습니다. 우선, 이러한 분석을 토대로, 제가 전에 꽤 수수께끼 같다고 말씀드린 감옥의 출현을 설명할 수 있을 것 같습니다. 어떻게 해서 우리는 베카리아의 형법이론 같은 것에서 출발하여 감옥이라는 역설적인 것에 이르렀을까요? 어떻게 해서 그토록 역설적이고 그토록 불편함으로 가득한 기관이 겉으로 보기엔 엄격한 합리성으로 이루어진 형법에 채택될 수 있었을까요? 집단적 감옥에 대한 기획은 어떻게 베카리아의 법률주의적 합리성에

191

의해 채택될 수 있었을까요? 감옥이 채택된 것은 그것이 사실상 19세기에 만들어진 모든 격리 시설의 집약적, 모범적, 상징적 형태에 지나지 않기 때문이라고 생각합니다. 실제로 감옥은 그 모든 것과 동형적입니다. 정확히 인간들의 삶을 생산력으로 변형시키는 기능을 하는 거대한 사회적 판옵티즘 안에서, 감옥은 실제로는 경제적, 형벌적, 교정적이라기보다는 상징과 모범의 기능을 훨씬 더 많이 수행합니다. 감옥은 사회의 반전상反轉像, 협박으로 변형된 이미지입니다. 감옥은 두 개의 담론을 내뱉습니다. 그것은 이렇게 말합니다. "이것이 사회라는 것이다. 너희들은 나를 비판할 수 없다. 왜냐하면 나는 공장에서, 학교에서, 너희들이 날마다 행하는 것을 하고 있을 뿐이기 때문이다. 그러므로 나는 결백하다. 나는 사회적 합의의 표현에 지나지 않는다." 우리가 형벌 이론이나 범죄학에서 보는 것이 이런 것입니다. 감옥은 매일 일어나고 있는 일들과 단절되어 있지 않다는 것이죠. 그러나 이와 동시에 감옥은 또 다른 담론을 내뱉습니다. "네가 감옥에 있는 것이 아니라는 최고의 증거는, 내가 특수한 시설로서 다른 시설들과는 분리된 채, 법에 반하는 잘못을 저지른 자들을 위해서만 존재한다는 것이다."

이렇게, 감옥은 다른 모든 것과 닮았다는 사실에 의

192

진리와 법적 형태들

해 스스로 감옥임의 죄를 모면하는 동시에, 잘못을 저지른 자들에게만 유효한 것으로서 스스로를 표상하면서 모든 다른 시설의 감옥임을 면죄해줍니다. 감옥의 지위가 가진 이 양의성이야말로 그것의 경이로운 성공과 거의 자명한 그것의 성격, 그리고 그것이 그토록 쉽게 받아들여진 사실을 설명할 수 있다고 생각합니다. 감옥이 등장한 순간부터, 대규모 교도소가 1817년부터 30년에 걸쳐 발달한 그때부터, 모두가 그 불편함과 그것의 불길함과 위험함을 알았는데도 말입니다. 이것(감옥의 양의성)이 바로 감옥이 사회적 판옵티즘의 피라미드 안에 삽입될 수 있었고 실제로 삽입되는 이유입니다.

두 번째 결론은 더욱 논쟁적인 것입니다. 누군가가 인간의 구체적 본질은 노동이라고 말했습니다. 사실 이 테제는 여러 사람이 말했습니다. 그것은 헤겔에게서도, 포스트헤겔주의자들에게서도, 또한 마르크스에게서도 발견됩니다. 알튀세르Louis Pierre Althusser는 특정 시기의 마르크스라고 말하겠지만요. 저는 저자들에게는 관심이 없고 언표의 기능에 관심이 있기 때문에, 누가 언제 말했냐는 것은 중요하지 않습니다. 제가 보여드리고 싶은 것은, 사실 노동은 절대로 인간의 구체적 본질이나 구체적 형태로서의 인간 존재가 아니라는 것입니다. 인간이 실

193

질적으로 노동에 묶이고 노동 안에 자리 잡으려면 인간을 생산 장치에 실제로—분석적으로가 아니라 종합적으로—묶는 어떤 조작, 일련의 복잡한 조작이 필요합니다. 인간의 본질이 노동으로 나타나려면 어떤 정치권력에 의해 작동되는 조작이나 종합이 있어야 합니다.

그래서 저는 노동을 인간의 구체적 본질로 보고, 자본주의 시스템이 노동을 이윤으로, 초과이윤으로, 잉여가치로 바꾼다고 상정하는 전통적인 마르크스주의적 분석을 단순하고 순수하게 인정할 수 없다고 생각합니다. 사실 자본주의 시스템은 우리의 삶에 매우 깊이 침투해 있습니다. 19세기에 수립된 형태에서 이 체제는 인간을 노동이라는 것에 결부시키는 정치적 기술들과 권력 기술들의 총체를 만들어내는 것이 불가피했습니다. 인간의 신체와 시간이 노동시간과 노동력이 되고 초과이윤으로 변형되도록 실질적으로 이용될 수 있는 기술들의 총체 말입니다. 그러나 초과이윤이 있으려면 기저권력sous-pouvoir이 있어야 합니다. 인간의 삶의 수준 자체에서 미시적이고 모세혈관적인 정치권력의 골조가 세워져서, 그것이 인간들을 생산 장치에 고정시키고 그들을 생산의 주체들agent로, 노동자들로 만들어야 합니다. 인간을 노동에 연결하는 끈은 종합적이고 정치적입니다. 그것은 권력에 의해

194

조작되는 끈입니다. 기저권력 없이 초과이윤은 없습니다. 저는 기저권력이라고 말합니다. 왜냐하면 문제는 방금 전에 제가 묘사한 권력이지, 전통적으로 정치권력이라고 불리는 것이 아니기 때문입니다. 이것은 국가장치의 문제도, 권력을 가진 계급의 문제도 아니며, 작은 권력들의 총체, 가장 낮은 수준에 위치한 작은 기관들 전체에 관한 문제입니다. 제가 하려고 한 것은 초과이윤의 가능성의 조건으로서의 기저권력에 대한 분석입니다.

마지막 결론은 이 기저권력, 초과이윤의 조건은 그것이 만들어지고 기능하기 시작하면서 일련의 지식—개인에 대한 지식, 규범화에 대한 지식, 집단적 지식—의 탄생을 촉발했고 이 지식은 이러한 기저권력 기관들 안에서 번식하면서 이른바 '인간과학'과 과학의 대상으로서의 인간을 출현시켰다는 것입니다.

이리하여 우리는 어떻게 해서 초과이윤의 파괴가 필연적으로 기저권력에 대한 문제제기와 공격을 내포하는지 알 수 있습니다. 어떻게 기저권력에 대한 공격이 반드시 인문과학 그리고 한 지식 유형의 근본적이고 특권적인 대상으로 간주된 인간에 대한 문제제기로 연결되는지 알 수 있습니다. 우리는 또한, 만약 제 분석이 옳다면, 인간에 관한 과학들을 이데올로기—인간 의식 안에서

195

의 생산관계들의 순수하고 단순한 표현과 반영—의 수준에 위치시킬 수 없다는 것을 알 수 있습니다. 만약 제가 말한 것들이 참이라면, 이런 지식들도, 이런 권력 형태들도 생산관계들 위에서 이 관계들을 표현하거나 그것들을 갱신할 수 있게 해주는 무언가는 아닙니다. 이 지식과 권력은 인간들의 삶뿐 아니라 생산관계들 속에 훨씬 더 깊게 뿌리박고 있습니다. 자본주의 사회를 특징짓는 생산관계가 존재하려면 일정 수의 경제적 결정들을 넘어서, 이러한 권력관계들과 이러한 지식의 기능 형태들이 있어야 하기 때문입니다. 권력과 지식은 이처럼 깊게 뿌리를 내리고 있습니다. 그것은 생산관계들과 겹치지는 않지만, 그것들을 구성하는 것 안에 매우 깊게 뿌리 박혀 있습니다. 따라서 우리가 이데올로기라고 부르는 것의 정의도 어떻게 재검토되어야 할지 알 수 있습니다. 조사와 검사는, 정확히 봉건사회에서 부의 점유의 수준에서 기능하는 지식-권력과 자본주의적 초과 이윤의 생산과 형성의 수준에서 기능하는 지식-권력입니다. 조사나 검사 같은 지식-권력 형태들은 이러한 근본적 수준에 위치합니다.

진리와 법적 형태들

토론

참석자[1]

아폰수 호마누 지 산타나Affonso Romano de Sant'Anna

샤인 카츠Chain Katz

엘리우 펠레그리누Hélio Pelegrino

루이스 코스타 리마Luiz Costa Lima

밀통 호세 핀투Milton José Pinto

마리아 테레사 아마랄Maria Teresa Amaral

호베르투 마샤두Roberto Machado

호베르투 오스왈두 크루즈Roberto Oswaldo Cruz

호세 무라루Rose Muraro

---

1   [옮긴이] 아폰소 호마노 지 산타나(1937~2025): 브라질의 시인, 수필가이자 학자. 엘리우 펠레그리누(1924~1988): 브라질의 정신분석가, 작가이자 시인. 밀통 호세 핀투: 브라질의 언어학자이자 커뮤니케이션학자. 호세 무라루(1030~2014): 브라질의 사회학자, 작가.

R. O. 크루즈: 선생님께서는 들뢰즈〔와 가타리〕의 『안티 오이디푸스』 이후의 정신분석적 실천의 위상에 대해 어떻게 생각하십니까? 정신분석적 실천에 소멸이 선고됐다고 보십니까?

푸코: 들뢰즈의 책을 한 번 읽고서 그 질문에 답을 해도 되는지 잘 모르겠네요. 본인도 그렇게 할지 잘 모르겠네요. 그 책을 들뢰즈와 같이 썼고 유명한 정신분석가이자 정신의학자인 가타리는 적어도 어떤 측면에서는 여전히 정신분석적 치료에 가까운 치료를 계속하고 있는 것 같습니다. 들뢰즈의 책에서 본질적인 것은 정신분석 치료에서 정신분석가와 환자 사이에 정립되는 권력관계에 대한 문제 제기입니다. 고전적 정신의학에 존재했던 것과 유사한 권력관계 말입니다. 그 책의 본질은 오이디푸스 또는 오이디푸스적 삼각형이 정신분석에 의해 발견된 것이기는커녕, 즉 환자용 침대 위에서 이루어진 환자의 진술discours에 의해 내뱉어진 것이기는커녕, 오히려 반대로 정신분석이 그것을 통해 해방되고자 하고 스스로를 표

199

현하고자 하는 환자의 욕망과 충동을 방해하는 데 쓰이는 일종의 차폐물이라는 것을 보여주는 데 있다고 생각합니다.

들뢰즈에 따르면 정신분석은 재가족화의 기획, 즉 가족 안에서 탄생하지도 않았고 그것의 대상과 규정의 중심이 가족 안에 존재하는 것도 아닌 욕망의 가족화를 강요하는 기획입니다.

정신분석의 소멸을 어떻게 규정할 것인가? 문제는 이겁니다. 어떤 형태의 권력관계도 통하지 않는, 말하자면 도덕적인 정신요법적 치료를 생각하는 것이 가능한가?

이 문제에 대해서 이야기해야 합니다. 제가 보기에 『안티 오이디푸스』에서는 약한 버전과 강한 버전 (사이의 차이가) 분명하게 다뤄지지 않았습니다. 아마도 의도된 모호함일 텐데, 들뢰즈와 가타리가 그들의 다음 책에서 명확하게 밝히겠지요. 약한 버전은 이른바 오이디푸스 콤플렉스가, 본질적으로 가족 안에서 욕망의 흐름과 운동들을 발견하는 정신분석가의 도구라고 말합니다. 강한 버전은 누군가가 환자로 지칭된다는 단순한 사실 자체, 누군가가 치료의 대상이 된다는 단순한 사실 자체가 이미 그와 그의 의사 사이에, 또는 그와 그를 둘러싼 사람들 사이에, 또는 그와 그를 환자로 지칭하는 사

진리와 법적 형태들

회 사이에 존재하는 어떤 권력관계를 가리킨다고, 그리고 없어져야 할 것은 바로 이 권력관계라고 말합니다.

『안티 오이디푸스』에서 발견되는 정신분열증〔조현병〕의 개념 또한, 아마도 가장 일반적이고 결과적으로 가장 덜 정교화된 것으로, 모든 개인이 그 안에 위치하는 공간입니다. 이 정신분열증 개념은 명확하지 않습니다. 들뢰즈가 말하는 정신분열증은 사회가 특정한 순간에 개인들에게 일정한 권력관계를 부과하는 방식으로 해석되어야 할까요? 아니면 정신분열증이란 오이디푸스적이지 않은 욕망의 구조 자체일까요? 저는 들뢰즈가 정신분열증이란 오이디푸스화되지 않은 욕망이라고 말하는 쪽에 가까울 것이라고 생각합니다. 저는 오이디푸스를 인격personnalité을 구성하는 한 단계가 아니라, 정신분석가가 스스로 사회를 표상하면서 욕망을 측량하는 한 가지 부과의 기획, 구속의 기획으로 이해합니다.

H. 펠레그리누: 저도 오이디푸스를 그런 것이라고 생각합니다. 그러나 오이디푸스는 그런 것에 지나지 않은 것만은 아닙니다. 오이디푸스는 구속이지만, 구속이기만 한 것은 아닙니다. 선생님께서는 강연에서 오이디푸스에 대해 말씀하셨는데, 저는 선생님의 견해가 굉장히 흥미롭

201

다고 느꼈습니다. 선생님께서는 오이디푸스를 구분하시는 것 같은데, 〔한편으로는〕 권력의 오이디푸스, 과학의 오이디푸스인 오이디푸스, 즉 수수께끼들을 해독하지만 아직 의식의 오이디푸스는 아닌 오이디푸스가 있습니다. 이는 과학적 오이디푸스, 인식의 오이디푸스입니다. 〔다른 한편으로〕 지혜의 오이디푸스가 있습니다. 권력과 과학은 오이디푸스에서 통합되는데, 이는 오이디푸스의 본래적인 트라우마, 즉 어머니 이오카스테와 아버지 라이오스에 의해 죽음을 선고받은 사실에서 발생한 트라우마를 억압하기 위해서입니다. 사실상 오이디푸스는 과제를 거부합니다. 그는 권력과 과학의 인간이 됨으로써 자신의 고유한 밤으로부터 자신을 방어합니다. 그는 무엇으로부터 자신을 방어할까요? 그는 밤으로부터 자신을 방어합니다. 밤이란 무엇일까요? 밤, 그것은 죽음입니다. 따라서 오이디푸스는 죽음을 선고받은 자가 되고 싶어 하지 않습니다. 그는 이오카스테와 라이오스에 의해 죽음을 선고받았습니다. 그러나 우리 모두는 우리가 태어난 날부터 죽음을 선고받았습니다. 우리는 우리가 탄생한 순간부터 죽어가기 시작합니다. 따라서 오이디푸스는, 보지 않는 데에 쓰이는 시각을 포기하고서─왜냐하면 그가 그 자신에 대해 경찰적-군사적 심문을 수행하기 전

202

에 그는 눈이 있어도 보지 못했기 때문에―, 그가 실명, 어둠, 밤을 받아들인 그 순간, 그러한 일이 일어난 순간, 그는 지혜로운 인간이 되기 시작했습니다. 그래서 저는 오이디푸스가 또한 자유로운 인간이라고 생각합니다. 즉 오이디푸스 문제는 구속의 문제이기만 한 것이 아니라, 구속적 상황의 반대편으로 가는 시도, 실명의 기획, 망상적 시각을 잃고 인식을 잃고 과학을 잃고 권력을 잃는 기획이고 결국 지혜를 얻기 위한 시도이기도 합니다.

푸코: 솔직히 저는 선생님께서 말씀하신 내용뿐 아니라 선생님께서 사태를 보시는 방식에도 완전히 동의하지 않는다고 말해야 할 것 같습니다. 저는 절대적으로 그 층위에 서 있지 않습니다. 저는 오이디푸스에 대해 말하지 않았습니다. 그리고 저에게는 오이디푸스가 존재하지 않는다고 말해야 합니다. 『오이디푸스 왕』이라고 불리는 소포클레스의 텍스트가 존재하지요. 『콜로노스의 오이디푸스』라고 불리는 또 다른 텍스트도 존재합니다. 그리스에는 소포클레스 이전과 이후에, 하나의 이야기를 하는 여러 텍스트가 존재합니다. 그러나 '오이디푸스는 이런 것이다'라고 말하는 것, '오이디푸스는 죽음을 두려워한다'라고 말하는 것은, 저 같으면 '전-들뢰즈적'이라고 부를

203

만한 그런 분석을 수행한다는 것을 의미합니다. 프로이트-이후의, 그러나 전-들뢰즈적인 분석 말입니다. 이는 당신이 오이디푸스와 우리 사이에 이런 종류의 구성적 동일시를 받아들인다는 것을 의미합니다. 우리 각자는 오이디푸스인 거죠. 그런데 들뢰즈의 분석은, 그리고 그 분석이 매우 흥미로운 이유가 바로 이것인데, 이렇게 말하는 것입니다. '오이디푸스는 우리가 아니다', '오이디푸스는 다른 사람들이다'. '오이디푸스는 타자'라는 겁니다. 오이디푸스는 정확히 의사, 정신분석가인 이 대타자입니다. 오이디푸스는, 이렇게 말해도 된다면, 권력으로서의 가족입니다. 그것은 권력으로서의 정신분석가입니다. 그 겁니다, 오이디푸스는. 우리는 오이디푸스가 아닙니다. 우리는 이 권력 게임을 실제로 받아들이는 한에서 타자들입니다. 그러나 제가 할 수 있었던 분석 안에서 저는 소포클레스의 작품에만 준거했는데, 오이디푸스는 거기서 권력의 인간이 아닙니다. 저는 소포클레스가 '오이디푸스 왕'이라 불리는 이 비극에서 사실상 근친상간에 대해 거의 말하지 않았다고 말했습니다. 그리고 그건 사실입니다! 그는 부친 살해에 대해서만 말했습니다. 한편, 우리가 보는 작품 안에서 펼쳐지는 모든 것은 프로타고니스트, 일정한 진실의 절차들, 예언적이고 종교적인 성격의

진리와 법적 형태들

조치들 그리고 그것과 반대되는 분명하게 사법적인 성격의 절차들 사이의 충돌입니다. 소포클레스가 접근한 것은 이러한 진실 탐색의 게임 전체입니다. 그리고 그 작품이 근친상간 욕망의 재현보다는 일종의, 그리스법의 드라마화된 이야기에 더 가까워 보이는 것은 이 때문입니다. 따라서 저의 주제가, 그리고 이 점에서 저는 들뢰즈를 따르는데, '오이디푸스는 존재하지 않는다'인 것을 알 수 있으실 겁니다.

펠레그리누: 저는 우리가 오이디푸스를 사실상 욕망의 문제라기보다는 탄생의 공포 문제로 이해한다는 점에서 선생님의 견해가 옳다고 생각합니다. 제 생각에 근친상간자는 삼각형을 파괴하기 위해 양자 관계를 형성하고 (마지막으로) 하나의 점point을 형성하는 자입니다. 사실 근친상간의 본래적인 기획은 태어나지 않는 것입니다. 그리고 그렇게 해서 죽음을 선고받지 않는 것입니다. 거기서부터, 정신분석에서 근본적인, 우리 모두가 만나게 되는 원한이 발생합니다. 이 원한은 우리의 어머니와의 관계에서 오는 것으로, 우리는 우리에게 탄생을 부여했다는 이유 때문에 어머니를 용서할 수 없습니다. 여기서 오이디푸스의 문제는 욕망의 문제라기보다는 욕망에 대한 공

포의 문제입니다.

푸코: 선생님께서는 제가 지독하다 생각하실 텐데, 맞습니다, 저는 지독합니다. 오이디푸스, 저는 그것을 모릅니다. 선생님께서 오이디푸스를 말씀하실 때, 그것은 욕망이거나 욕망이 아니거나입니다. 제가 대답하지요. 좋을 대로 하십시오! 오이디푸스는 누굽니까? 뭡니까 그게?

펠레그리누: 인간 존재의 근본적 구조입니다.

푸코: 그렇다면 저는 들뢰즈의 용어로 대답해보겠습니다. 그리고 여기서 저는 완전히 들뢰즈주의자입니다. 그것은 인간 존재의 근본적 구조가 절대로 아니고, 특정한 형태의 구속입니다. 사회, 가족, 정치권력이 개인들에게 설립하는 특정한 권력관계라고 말입니다.

펠레그리누: 가족은 근친상간의 공장입니다.

푸코: 다르게 얘기해봅시다. 우리가 첫 번째로, 근본적으로 그리고 본질적으로 욕망하는 것, 욕망의 첫 번째 대상의 상관물이 되는 것, 그것이 엄마라는 생각. 논쟁은

206

이 지점에서 성립합니다. 들뢰즈는 우리에게 이렇게 말할 겁니다. 그리고 지금 저는 다시 한번 그의 편인데, 우리가 왜 엄마를 욕망할까요? 엄마를 갖는다는 것은 벌써 썩 기분 좋은 얘기가 아닌데 말입니다……. 우리는 무엇을 욕망하나요? 맞습니다, 우리는 이런저런 것들을, 이야기들을, 역사들을, 나폴레옹을, 잔다르크를, 그 밖의 것 등등을 욕망합니다. 이 모든 것이 욕망의 대상들입니다.

펠레그리누: 그러나 타자 역시 욕망의 대상입니다. 엄마는 첫 번째 타자입니다. 엄마는 아기의 소유자로서 구성됩니다.

푸코: 거기서 들뢰즈는 이렇게 말할 겁니다. '아니다, 분명히 말해서, 타자, 욕망의 근본적이고 본질적인 타자를 구성하는 것은 엄마가 아니다'라고요.

펠레그리누: 그렇다면 무엇이 욕망의 근본적인 타자입니까?

푸코: 욕망의 근본적 타자라는 것은 없습니다. 모든 타자들이 있을 뿐입니다. 들뢰즈의 사유는 근본적으로 복수

207

주의적pluraliste입니다. 그는 나와 같은 시기에 공부했고 데이비드 흄David Hume에 대한 석사논문을 준비하고 있었습니다. 저는 헤겔에 대한 석사논문을 준비하고 있었고요. 저는 다른 편에 있었습니다. 왜냐하면 그가 이미 복수주의자였을 그 시절에 저는 공산주의자였기 때문입니다. 그리고 저는 그것이 그에게 언제나 도움이 되었다고 생각합니다. 그의 근본적인 주제는 이겁니다. 어떻게 인간주의적이지 않은, 군사적이지 않은 철학, 복수적인 것le pluriel의 철학, 차이의 철학, 얼마간 형이상학적인 의미에서 '경험적인 것'의 철학을 할 수 있을까?

펠레그리누: 그[들뢰즈]가 유아에 대해 말하는 것은 성인으로서입니다. 유아는, 정의상, 그러한 복수주의pluralisme, 대상들의 [선택의] 폭을 가질 수 없습니다. 복수주의는 우리가 세계와 맺는 특정한 방식의 관계입니다. 그러나 새로 태어난 가여운 유아에게 이 모든 가능성의 폭, 성인들로서의 우리의 가능성들인 가능성들을 부과할 수는 없습니다. 정신병 문제를 포함해서 말입니다. 제가 말하고 싶은 건 이겁니다. 타자, 그것은 세계이고, 타자들은 사물들 전체입니다. 그러나 유아는 처음 태어났을 때, 우리의 것인 이 가능성의 폭을 가질 수 없습니

진리와 법적 형태들

다. 필연적인 의존 때문에, 유아는 원초적 대상으로서 엄마를 가지며, 그렇기 때문에 엄마는 거의 생물학적인 구속에 의해 유아의 원초적 대상으로 변형됩니다.

푸코: 말을 주의해서 해야 합니다. 만약 선생님께서 가족 체계, 교육 체계, 유아에게 주어지는 보살핌의 체계가 유아의 욕망이 엄마를 그 첫 번째 대상으로—연대기적인 의미에서—갖도록 이끈다고 말씀하시는 거라면, 저는 동의할 수 있다고 생각합니다. 이 때문에 우리는 가족, 교육법, 유아에 주어지는 보살핌의 역사적 구조를 참조하게 됩니다. 그러나 만약 선생님께서 엄마가 원초적 대상, 본질적 대상, 근본적 대상이고, 오이디푸스적 삼각형이 인간 존재의 근본적 구조를 특징짓는다고 말씀하신다면, 저는 동의할 수 없습니다.

펠레그리누: 르네 스피츠Rene Spitz라는 매우 중요한 정신분석가의 경험이 있습니다. 그는 호스피탈리에 현상[2]이

2   [옮긴이] le phénomène hospitalier는 병원증, 병원수용증 등으로 옮겨지는데, 오랫동안 병원에 입원하여 산모의 보살핌을 받지 못한 유아의 장애를 가리킨다. 알렉시스 존슨, 『한 권으로 읽는 정신분석』, 강철민 옮김, 학지사, 2020 등을 참조.

209

라는 것을 보여주는데, '모성적 보살핌'을 받지 못한 유아들은 죽는다는 겁니다. '엄마다운 엄마mère maternelle'의 부재 때문에요.

푸코: 알겠습니다. 거기서 증명되는 건 하나입니다. 엄마가 필수불가결하다는 사실이 아니라, 병원hôpital 시설이 낙후되었다는 사실이지요.

펠레그리누: 엄마는 필수적입니다. 그러나 그걸로 충분하지 않습니다. 엄마는 욕구를 충족시켜주는 것 이상으로, 사랑을 줄 수 있어야 합니다.

푸코: 잠깐만요, 좀 당황스럽네요. 제가 들뢰즈를 위해서 말을 좀 해야 할 필요성을 느낍니다. 특히 제 영역이 아닌 영역에 대해서요. 정신분석은 엄밀히 말해서 아직 들뢰즈보다는 가타리의 영역입니다. 오이디푸스의 이야기로 다시 돌아가 보겠습니다. 제가 한 것은 절대로 오이디푸스 신화에 대한 재해석이 아닙니다. 반대로, 저의 방식은 근본적이고 원초적이고 보편적인 구조로서의 오이디푸스에 대해 말하지 않는 방식으로서, 단순히 소포클레스의 비극 자체에 대한 다소간의 분석을 시도하고 재위

진리와 법적 형태들

치시키는 것이었습니다. 소포클레스의 비극에서 우리는 그것이 결코 유죄냐 무죄냐의 문제가 아니며, 사실상 근친상간의 문제일 수 없다는 것을 분명히 볼 수 있습니다. 이렇게 말할 수 있습니다. 저한테는 소포클레스의 비극을 진실의 역사 안에 재위치시키는 것이 그것을 욕망의 역사나 욕망의 근본적이고 본질적인 구조를 표현하는 신화학의 내부에 위치시키는 것보다 훨씬 흥미로워 보입니다. 즉, 소포클레스의 비극을 욕망에 대한 신화에서 진리/진실에 대한 절대적으로 역사적이고 실제적인 이야기로 이전시키는 것입니다.

M. J. 핀투: 두 번째 강연에서, 선생님께서는 오이디푸스 신화에 하나의 해석을 부여하셨습니다. 여기서 저는 해석이라는 개념을, 선생님께서 월요일 강연〔1강〕에서 정의하셨던 니체적 의미로 사용하고 있습니다. 이 유명한 신화에 대한 해석을 두 가지만 들자면, 프로이트의 해석과, 더 최근에는 레비스트로스Claude Lévi-Strauss의 해석이 있는데, 이것들과도 완전히 다른 해석입니다. 선생님께서는 선생님의 해석이 이것들보다 더 유효하다고 생각하십니까? 아니면 이 모든 해석이 중요성 면에서 동일한 층위에 있는 건가요? 다른 해석들을 상위에서 결정하는

211

surdéterminer 한 가지 해석이 있을 수 있을까요? 선생님께서는 하나의 담론의 의미가 하나의 특권적 해석 위에 정초하고 있다고 보십니까, 아니면 이 모든 해석 전체 위에 정초하고 있다고 보십니까? 해석이란 주체와 대상의 차이가 무효가 되는 장소라고 말할 수 있을까요?

푸코: 이 질문에는 두 개의 핵심적인 단어가 있습니다. 신화라는 단어와 해석이라는 단어입니다. 저는 절대 오이디푸스 신화에 대해 말한 게 아닙니다. 저는 소포클레스의 비극에 대해 말한 겁니다. 그 이상은 없습니다. 그리스 신화가 무엇인지를 우리에게 가르쳐주는, 오이디푸스에 대한 그리스 신화, 또는 그리스 신화'들'이 무엇이었는지를—왜냐하면 오이디푸스에 대한 그리스 신화가 많기 때문인데요—우리에게 알려주는 것은 텍스트들 전체입니다. 저는 이 모든 것을 완전히 옆으로 제쳐두었습니다. 저는 하나의 텍스트에 대해 분석한 것이지, 하나의 미스터리에 대해 분석한 것이 아닙니다. 저는 단지 오이디푸스에 대한 이 이야기를 탈신화화하고 싶었고, 소포클레스의 비극을, 그것을 신화적 배경과 연관하지 않고 완전히 다른 어떤 것과 연관하면서 취하고 싶었습니다. 그게 뭐였을까요? 물론, 사법적 실천들입니다. 그리고

212

여기서 해석의 문제가 떠오릅니다. 다시 말해서 저는 신화의 의미를 찾고 싶었던 것이 아닙니다. 이 의미가 가장 중요한지 아닌지, 그런 것을 알고 싶었던 것이 아닙니다. 제가 한 것, 제가 하고자 했던 것, 제 분석은 결국, 단어들보다는 작품 안에서 전개되는 담론의 형태와 방법, 예를 들어, 사람들이, 인물들이 서로 질문을 제기하고 대답하는 방식을 대상으로 했습니다. 사람들의 다른 사람들에 대한 담론에서 담론의 전략과 같은 것, 진실에 가 닿기 위해 사용된 전술 같은 것들 말입니다. 첫 번째 장면에서, 우리는 어떤 유형의 질문과 대답, 즉 신탁과 예언 등의 종교적 처방들 전체에서 사용된 담론에 특징적인 정보 유형을 발견합니다. 질문과 대답이 만들어지는 방식, 사용된 단어들, 동사의 시제, 이 모든 것이 예언적, 처방적 담론 유형을 가리킵니다. 제가 인상적이라고 생각한 것은, 작품의 마지막 부분에서, 오이디푸스에 의해 결성된 두 노예—코린토스의 노예와 키타이론의 노예—의 대질에서 오이디푸스가 정확히 5세기 그리스 법관의 역할을 했다는 것입니다. 그는 정확히 이런 질문을 합니다. 그는 각 노예에게 '~을 한 게 당신 본인입니까?'라는 식으로 질문합니다. 그는 그들을 동일한 심문interrogatoire에 복종시킵니다. 그는 각각에게 서로를 아는지 묻습

213

니다. 그는 코린토스의 노예와 키타이론의 노예에게 묻습니다. '여기 이 사람을 너는 아느냐?' '너에게 그런 말을 한 사람이 정말 이자가 맞느냐?' '네가 그것을 보았느냐?' '너는 그것을 기억하느냐?' 이것이 정확히 4세기 말과 5세기에 사용되기 시작한 새로운 진실 추적 절차의 형식입니다. 우리는 그에 대해 텍스트 속의 증거를 갖고 있습니다. 가령, 키타이론의 노예는 자신이 이오카스트에게서 아이를 받았고, 그 아이를 죽음에 노출시키는 대신 다른 노예에게 주었다는 사실을 감히 말하지 못하고 말하기를 거부하는데, 그때 오이디푸스가 이렇게 말합니다. '말하지 않으면 너를 고문하겠다.' 그런데 5세기 그리스법에서는, 심문자가 진실을 알기 위해 다른 이의 노예를 고문할 수 있는 권한이 있었습니다. 데모스테네스_{Δημοσθένης}에게서 우리는 진실을 짜내기 위해 자기 적의 노예를 고문한다는 위협과 같은 것을 여전히 발견할 수 있습니다. 따라서 본질적으로, 진실을 얻기 위한 언어적 전략으로서의 담론 형식, 제 분석의 대상과 기초는 바로 이것입니다. 따라서 문학적 해석의 의미에서의 해석도 아니고 레비스트로스식의 분석도 아닙니다. 질문에 대한 대답이 됐나요?

진리와 법적 형태들

핀투: 주체와 대상의 차이 문제는 어떤가요? 선생님께서 선생님의 분석에서 제시하셨듯이, 인식의 주체와 인식할 대상이 있습니다. 첫 번째 강연에서 선생님께서는 이러한 차이가 없다는 것을 보여주려 하셨습니다.

푸코: 설명을 조금 해주실 수 있겠습니까? 선생님의 첫 번째 명제는, 그러니까 제가 인식의 주체와 무언가 사이의 차이를 얘기한다고 생각하셨다는 건가요?

핀투: 저는 선생님께서 스스로를 진실, 그러니까 객관적 진실을 찾는 주체로 놓는 것으로 봤습니다.

푸코: 제가 스스로 놓았다는 말씀이십니까?

핀투: 네네, 저는 그렇게 이해했습니다.

푸코: 제가 인식의 주체로 스스로 놓았다라…….

핀투: 저는 특히 선생님께서 '주체 자체가 이데올로기에 의해 형성된다'라는 문제를 제기하셨던 첫 번째 강연을 참고해서 말씀드리고 있습니다.

215

푸코: 아닙니다. 절대 이데올로기에 의한 것이 아닙니다. 저는 제가 제시하는 것이 이데올로기적 분석이 아니라는 것을 분명히 밝혔습니다. 어제 제가 말씀드린 것을 예를 들어봅시다. 프랜시스 베이컨Francis Bacon을 읽으면, 아니면, 어쨌든, 경험주의 철학 전통에서, 그리고 경험주의 철학뿐 아니라 16세기 말부터 시작된 실험 과학, 영국 관찰 과학과 프랑스의 것 등의 관찰 과학의 실천 안에는, 어떤 중립적인 형태의, 선입견이 없고 외부 세계에서 무슨 일이 일어나는지 볼 수 있고, 그것을 포착하고 비교할 수 있는 주체가 존재합니다. 이러한 형태의 주체, 즉 비어 있으면서 중립적이고 경험적인 세계 전체에 대해 수렴점 역할을 하면서 18세기에 백과사전적 주체가 될 이것은 어떻게 형성됩니까? 이것은 자연적 주체인가요? 모든 인간이 이렇게 할 수 있었나요? 15세기 전에는 그럴 수 없었고 16세기에는 가능했다면, 이는 단지 그가 선입견들과 환상들을 갖고 있었기 때문이라고 해야 할까요? 그로 하여금 세계에 대해 이러한 중립적이고 수용적인 시선을 가지는 것을 방해한 것은 이데올로기적 베일들이었나요? 이런 것이 전통적 해석이지요. 그리고 이런 것은 또한 마르크스주의자들에 의해 주어진 해석이었습니다. 마르크스주의자들은 이렇게 말할 것입니다. '특정 시대

진리와 법적 형태들

의 이데올로기적 부담이 ~를 방해했다.' 저는 그게 아니라고 말하겠습니다. 그런 분석은 충분하지 않은 것 같습니다. 사실, 이 중립적인 것으로 가정된 주체는 그 자신이 하나의 역사적 산물입니다. 이러한 종류의 관념적인 지점을 형성하는 데 이르기까지, 그로부터 출발하여 인간이 세계에 대해 순수한 관찰의 시선을 주어야 할 장소를 형성하는 데 이르자면 제도들과 실천들의 망 전체가 필요했습니다. 일반적으로 이러한 객관성 형식의 역사적 형성은 사법적 실천들 안에서, 특히, 조사l'enquête 실천에서 발견될 수 있는 것 같습니다. 대답이 됐나요?

M. T. 아마랄: 선생님께서는 전략을 통한 담론에 대한 연구를 발전시킬 생각이신 건가요?

푸코: 네네.

아마랄: 그것이 매우 자연스럽게 선생님께서 하실 연구들 중 하나가 될 거라고 말씀하셨었죠?

푸코: 사실 저는 동일한 층위에 있진 않지만 결국 수렴될 세 가지 프로젝트가 있다고 말씀드렸습니다. 한편으로, 일종의 전략으로서의 담론에 대한 분석으로, 앵글로

색슨 학자들, 특히 비트겐슈타인Ludwig Wittgenstein, 오스
틴John Langshaw Austin, 스트로슨Peter Frederick Strawson, 설
John Rogers Searle 등이 하는 방식의 분석이 있습니다. 제가
설과 스트로슨 등의 분석에서 다소 제한적이라고 보는
것은 …… 옥스포드의 살롱에서 찻잔을 옆에 두고 담론
의 전략에 대해 벌인 분석들은, 흥미롭긴 하지만 제 눈에
는 근본적으로 제한적이라고 보는 전략적 게임들과 관련
되어 있습니다. 문제는 더 실제적인 역사적 맥락 또는 살
롱의 대화 실천들과는 다른 종류의 실천들 내부에서의 담
론의 전략에 대해 연구할 수는 없는지입니다. 예를 들어,
사법 실천의 역사에서, 실제적이고 중대한 역사적 절차들
의 내부에서 담론에 대한 전략적 분석을 재발견하고, 가
설을 적용하고, 기획할 수 있을 것 같습니다. 이것은 들뢰
즈가 현재 자신의 연구에서 정신분석적 치료에 대해 하고
있는 것이기도 합니다. 우리는 정신분석 치료에서 어떻게
이 담론 전략이 실행되는지, 정신분석 치료를 탈은폐의 절
차로서가 아니라 말하는 두 개인 사이의 전략적 게임으로
서 보고 싶습니다. 여기서 한 사람은 침묵하지만, 전략적
침묵은 최소한 담론만큼이나 중요합니다. 제가 말씀드린
세 가지 기획은 양립불가능하지 않으며, 하나의 작업가설
을 역사적 영역에 적용하는 것입니다.

218

A. R. 산타나: 선생님께서 말씀하시는 전략의 관점에서, 파르마콘[3]의 문제에 가까이 가고 철학자들의 편, 즉 진리/진실 발언la parole de vérité의 편이 아닌 소피스트들의 편, 즉 진실임직함vraisemblance의 편에 서는 것은 적절한 건가요?

푸코: 아, 그 부분에서 저는 철저하게 소피스트들의 편입니다. 저는 제 첫 콜레주드프랑스 강연에서 소피스트들에 대한 강의를 했었는데,[4] 저는 소피스트들이 아주 중요하다고 생각합니다. 왜냐하면 거기서 본질적으로 전략적인 담론에 대한 이론과 실천을 발견할 수 있기 때문이죠. 우리는 진실에 닿기 위해서가 아니라 이기기 위해서 논쟁하고 담론들을 구축합니다. 그것은 하나의 게임입니다. 누가 지고 누가 이길 것인가? 소크라테스와 소피스트들 사이의 투쟁이 매우 중요한 이유는 그 때문입니다. 소크라테스에게는, 우리가 진실을 말하기를 원한다는 말을 할 필요가 없습니다. 두 번째로, 만약 소피스트들에게

---

3   [옮긴이] pharmakon은 그리스어로 '약(drug)'과 '독(poison)'을 동시에 의미하는 용어로, 약과 독의 이중적 성격을 상징한다.
4   [옮긴이] 미셸 푸코, 『지식의 의지에 관한 강의: 콜레주드프랑스 강의 1970~71년』, 양창렬 옮김, 난장, 2017년 참조.

219

말하기와 논쟁하기가 어떤 대가를 치르더라도, 가장 조잡한 술책을 써서라도 승리를 거두어야 하는 것이라면, 이는 그들에게는 담론 실천이 힘pouvoir의 행사와 분리할 수 없는 것이기 때문입니다. 말하기, 그것은 힘을 행사하는 것이고, 말하기는 자신의 힘을 위험에 노출시키는 것이며, 또한 말하기는 성공하거나 모든 것을 잃을 위험을 감수하는 것입니다. 그리고 거기에, 매우 흥미로운 무언가가 또 있는데, 소크라테스주의와 플라톤주의는 거기서 완전히 멀어진다는 것입니다. 말하기, 로고스는 결국, 소크라테스부터는, 더는 힘의 행사가 아닙니다. 그것은 로고스로서 기억의 행사exercice〔발휘〕일 뿐입니다. 이 힘으로부터 기억으로의 이행은 매우 중요합니다. 세 번째로, 소피스트들에게는 로고스, 즉 결국 담론이 물질적 존재를 갖는 무언가라는 생각 또한 마찬가지로 중요한 것 같습니다. 즉, 소피스트적 게임에서, 무언가가 일단 말해지고 나면, 그것은 말해진 것입니다.[5] 소피스트들 사이의 게임에서 논쟁은 다음과 같이 이뤄집니다. 당신이 이런 것을 말했다. 당신은 그것을 말했고 당신은 당신이 그것을 말했다는 사실에 의해 그것에 부착되어 있다. 당신은 그것

---

5   [옮긴이] 일단 말로 내뱉어지면 말해진 것, 즉 물질성을 갖는다는 의미.

진리와 법적 형태들

으로부터 더는 자유로울 수 없다. 이는 모순률과 관련해서 그런 것이 아니라—소피스트들은 모순률을 별로 신경쓰지 않습니다—어떤 관점에서는, 우리가 말한 것이 거기에, 물질적으로 존재하기 때문입니다. 그것은 거기에 물질적으로 있고 우리는 더는 아무것도 할 수 없습니다. 그들은 이 담론의 물질성을 많이 사용했습니다. 그들은 역사학자들이 나중에 많이 사용한 모든 이런 모순, 이 모든 역설들을 첫 번째로 사용한 사람들이었습니다. 그들은 처음으로 이렇게 말한 사람들입니다. "내가 '수레'라는 단어를 말할 때, 수레는 내 입술을 실제로 지나가는가? 수레가 내 입술을 통하여 지나갈 수 없다면, 나는 수레라는 단어를 발음할 수 없다." 우리가 말하는 대상의 물질성과 단어 자체의 물질성, 그들은 이러한 이중적 물질성을 사용했습니다. 왜냐하면 로고스는 결정적으로 생산된 사건이고, 전투는 시작되었고, 우리는 이미 주사위를 던졌고, 이제 우리는 더는 아무것도 할 수 없기 때문입니다. 문장은 말해졌습니다. 그러고 나면 그것은 하나의 물질성이고, 일정한 반향을 갖습니다. 그리고 우리는 어떻게 역사학자들이, 그로부터 비교적 관심을 끌지 않았던 물체적인 것과 비물체적인 것 등의 모든 문제를 발전시켰는지 압니다. 그런데 거기서 다시 플라톤주의적

221

로고스는 점점 더 비물질적이게, 이성 즉 인간적 이성보다도 더 비물질적이게 됩니다. 그래서 담론의 물질성, 담론의 사실적factuel 성격, 담론과 힘 사이의 관계, 이 모든 것은 제게 대단히 흥미롭습니다. 저는 이것들이 플라톤주의와 소크라테스주의가 지식에 대한 특정한 개념을 위해서 완전히 격퇴한 사유들의 핵심이라고 생각합니다.

R. 마샤두: 우리가 진리/진실을 논할 때…….(안 들림)

푸코: 저는 담론들이 실질적으로 사건들이라고, 담론들은 물질성을 갖는다고 말하겠습니다.

마샤두: 저는 선생님의 담론에 대해 말하는 게 아니라 담론의 역사 전체를 아우르는 다른 담론들에 대해 말하고 있습니다.

푸코: 물론입니다. 여기서 제가 담론으로 의미하는 바에 대해 말씀드려야 할 것 같은데, 담론은 정확히 이렇게 기능했습니다. 간단히 말해서, 철학 전통 전체는 담론을 위장하고 감추었습니다. 제 강연에서 한 법대생이 이렇게 말했습니다. "그러면, 저는 매우 만족스럽네요. 결국 우리

222

는 법을 복권시키는 것입니다." 그래요, 모두가 웃었지만, 저는 그의 논평에 대답하고 싶지 않았습니다. 그가 이어서 말했죠. "선생님께서 말씀하신 내용은 아주 훌륭합니다." 왜냐하면, 사실, 언제나 철학의 어려움과 무지가 일정하게 존재하기 때문입니다. 그건 법이론에 관련해서가 아닙니다. 왜냐하면 서양철학 전체가 법이론에 연결되어 있었기 때문입니다. 그보다 철학의 어려움은 철학이 법의 실천 자체, 사법적 실천에 매우 무감각했다는 데 있습니다. 사실상, 수사학자와 철학자 사이의 중대한 대립—철학자, 진리의 인간, 지식의 인간이 웅변가에 불과한 자, 수사학자, 담론의 인간, 의견의 인간, 효과들을 추구하고, 승리를 추구하는 자에 대해 갖는 경계심, 철학과 수사학 사이의 이 단절이 플라톤 시대에 벌어진 일을 특징짓는 것 같습니다.[6]

그리고 문제는 수사학, 웅변가, 그리고 담론의 투쟁을 분석의 장 내부에 재도입하는 것입니다. 언어학자들이 하는 것처럼 수사학적 절차들에 대한 체계적인 분석을 하기 위해서가 아니라, 담론을, 진리 담론까지도, 수사

---

6   포르투갈어 판본은 이렇게 옮기고 있다. "제게는 플라톤 시대에 벌어진 것보다 더 특징적인 것 같습니다."(편집자)

223

학적 절차들로서 승리하기 위한 방식으로서, 즉 사건들을 생산하고 결정들을 생산하고 전투를 생산하고 승리를 생산하는 방식들로서 연구하기 위해서입니다. 즉 철학을 '수사학화'하기 위해서입니다.

마샤두: 진리 의지를 파괴해야 한다는 말씀이군요. 맞습니까?

푸코: 맞습니다.

L. C. 리마: 그것은, 제가 선생님의 의도를 잘 이해했다면, 지식과 권력의 이원론을 변형시키는 분석을 제안하는 것이죠. 선생님께서 조금 전에 문제는 오이디푸스 신화가 아니라 소포클레스의 텍스트에 대한 독해라고 하셨을 때, 저는 그것이 암묵적으로 '언표_énoncé_'[7]를 재특권화시키는 것이고 그로부터 텍스트를 다시 읽어야 할, 언표를 다시 읽어야 할 필연성이 오는 것이라고 보았습니다. 그 첫 번째 이유는 제가 보기에, 의심의 여지 없이, 예를 들어서 레비스트로스적인 독해 유형은 텍스트 안에 있는 권력

---

7   원문에 프랑스어로 표기(편집자).

224

〔힘〕을 읽는 것을 허용하지 않기 때문입니다. 그래서 선생님께서는 오이디푸스 안에서 다시 읽을 것은 유죄냐 무죄냐를 따지는 질문이 아니라고 말씀하신 겁니다. 오이디푸스는 사실상 그리스적 담론 등등의 전략을 재생산하는 판사처럼 행동합니다. 우리는 필연적으로 들뢰즈로 돌아오게 되는데, 들뢰즈는 비교를 하죠. 그는 한편으로 오이디푸스 콤플렉스, 오이디푸스화가 특정한 사회적 형성체에 고유하다면, 다른 한편으로 그것이 그 사회의 일종의 **강박관념**hantise,[8] 일종의 **집착**obsession[9]이라는 것을 보여주고자 합니다. 이 집착/강박은 사회적 형성체 안에서만, Urstaat, 원국가l'Etat originaire의 출현과 함께 현실화되고 나타납니다. 들뢰즈는 그래서 오이디푸스가 '시니피앙의 제국주의'[10]를 갖기 시작하는 것은 오이디푸스가 현실화되는 이러한 사회적 형성체 안에서라고 얘기합니다. 이것이 선생님께는 '시니피앙의 제국주의와 단절하는 것',[11] '언어의 전략을 제안하는 것'[12]이고, 전략으로서의 담론,

---

8   원문에 프랑스어로 표기(편집자).

9   원문에 프랑스어로 표기(편집자).

10   원문에 프랑스어로 표기(편집자).

11   원문에 프랑스어로 표기(편집자).

12   원문에 프랑스어로 표기(편집자).

225

진리에 대한 탐구로서의 담론이 아니라 권력의 행사로서의 담론의 문제인 것이죠. 저는 여기서 도발적인 결론을 끌어내겠습니다. 첫째, 저에게는 지금 제안되고 있는 것이 **조사**[13]의 체제에 대항하여 **시련**[14]의 체제로 회귀하는 것으로 보입니다. 둘째, 제가 보기에, 만약 우리가 다음과 같은 연쇄를 제안한다면—현실화된 오이디푸스, 시니피앙의 제국주의 대 욕망의 해방, 오이디푸스에 대한 반대, **오이디푸스의(에 대한) 억압**refoulement[15]—, 이제 문제는 오이디푸스에 의해 야기된 이러한 억압repression에 대항하여 욕망의 해방을 제안하는 것이고, 결과적으로, 시니피앙적 연쇄로서의 텍스트에 대한 분석이 아니라 전략으로서, 담론의 재수사학화로서의 담론에 대한 분석이라면, 저는 이러한 질문이 떠오릅니다. 어떻게 이것이 진술된 담론에 대한 고전적 분석과 실질적으로 구분될 수 있는가?

13   원문에 프랑스어로 표기(편집자).

14   원문에 프랑스어로 표기(편집자).

15   [옮긴이] 이 연쇄는 다음과 같이 번역할 수 있다. "현실화된 오이디푸스, 욕망의 해방에 맞선, 오이디푸스에 맞선 시니피낭의 제국주의, 오이디푸스의(에 대한) 억압."

226

푸코: 이러한 방향으로 나아가서 이미 매우 중요한 결과들을 얻은 연구 전통이 있습니다. 저는 선생님께서 뒤메질의 작업을 알고 계실 거라고 생각하는데, 그것만 해도 레비스트로스의 작업보다 훨씬 덜 알려져 있습니다. 우리는 뒤메질을 보통 구조주의의 조상들 중 하나로 분류하고, 그가 레비스트로스가 가졌던 수학적이고 엄격한 분석의 도구들을 아직 가지지 못해서 자기 자신에 대해 아직 덜 의식한 구조주의자였다고, 그러나 어떤 측면에서 뒤메질은 여전히 과중하게 역사적인 경험적 방식으로 레비스트로스가 나중에 하게 될 것의 초안을 작성했다고 말하곤 합니다. 뒤메질은 자신의 역사적 분석 작업에 대한 이런 유형의 해석에 전혀 만족하지 않습니다. 그리고 그는 점점 더 레비스트로스의 작업에 반대하고 있습니다. 뒤메질 자신은 이 영역에서 첫 번째도 아니었고 마지막도 아닙니다. 현재 프랑스에는 장피에르 베르낭Jean-Pierre Vernant 주위에 뒤메질의 사유들을 얼마간 다시 취하고 그것들을 적용시키려 하는 그룹이 있습니다. 뒤메질의 분석에는 구조에 대한 탐구, 즉 예를 들어 한 신화 안에서 두 인물이 벌이는 대립이 구조적 유형의 대립이라는 것, 즉 일정 수의 일관된 변형들을 담고 있는 대립이라는 것을 보여주고자 하는 시도가 있습니다. 이런 의미

에서 뒤메질은 정확히 구조주의를 했습니다. 그러나 그에게서 중요한 것, 그리고 우리가 뒤메질을 다시 읽으면서 발견하게 되는, 지금까지 다소 간과된 것이 두 가지 있는데, 우선 뒤메질은 비교를 수행할 때, 예를 들어 하나의 산스크리트 신화, 하나의 산스크리트 전설을 취할 수 있었고, 그리고 이후에 그것들을 비교할 수 있었다고 말했습니다. 무엇과의 비교일까요? 이는 반드시 다른 신화일 필요가 없고, 예를 들어 아시리아의 의례 또는 로마 사법의 실천과 비교할 수 있다는 겁니다. 따라서 그에게는 언어적 신화, 언어적 산물로서의 신화에 부여되는 절대적인 특권이 없습니다. 뒤메질은 동일한 관계들이 하나의 담론 안에 개입할 수 있는 만큼이나 종교적 의례 안에 또는 사회적 실천 안에도 개입할 수 있다는 것을 인정합니다. 저는 뒤메질이 모든 사회적 구조들, 사회적 실천들, 의례들을 동일시하거나 담론의 우주 안에 던져놓기는커녕, 사실상 담론 실천을 사회적 실천들의 내부에 재위치시킨다고 생각합니다. 이게 뒤메질과 레비스트로스의 근본적인 차이입니다. 두 번째로, 담론과 사회적 실천 사이에 이루어진 동질화를 볼 때, 뒤메질은 담론을 자신의 실효성과 자신의 결과들을 갖는, 사회 안에서 무언가를 생산하고 하나의 효과를 내는 운명을 지닌, 결과적으로 하나의 전략에 복종하는 실천으로서 다룹니다. 뒤메질의 노선에서 베르낭과 몇몇 사람들은 아시리아 신화들을 다시 취하고, 세계의 젊음에 대한 이 거대한 신화들이 왕권의 활력을 되살리고 부활시키는 본질적인 기능을 가졌었다는 것을 보여주었습니다. 왕이 다른 왕으로 대체될 때마다, 또는 그가 자신의 4년의 통치의 끝에 도달할 때마다, 사람들은 왕권이나 왕이라는 인물 자체에 다시 활기를 불어넣는 기능을 하는 의례들을 노래했습니다. 요컨대, 우리는 사회적 실천들 내부에서 의례로서의, 실천으로서의, 전략으로서의 담론이라는 이 문제를 만납니다.

선생님께서는 우리가 결국 언표, 말해진 것들, 말해진 것의 장면을 특권화하는 것 아니냐고 말씀하셨습니다. 언표라는 것을 우리가 어떻게 이해하는가를 알 필요가 있습니다. 만약 우리가 단어들 전체, 의미작용과 관련한 요소들 전체, 그리고 시니피앙과 시니피에의 의미를 언표라고 부르고자 한다면, 저는 그러한 것은 저와 뒤메질이 언표, 결국 담론으로 의미하는 것이 아니라고 말하겠습니다. 유럽에는 사법적, 정치적 실천 등에서부터 출발하는 담론들에 대한 분석의 전통 전체가 있습니다. 프랑스에는 저에게는 가장 중대한 인물들인 글로츠Gustave

229

Glotz, 제르네Louis Gernet, 뒤메질, 그리고 현재는 베르낭이 있습니다.

구조주의는 담론 집합들을 취해서 이 언표 집합들 사이의 이행passage, 변형, 동형성의 법칙들을 찾아내면서 그것들을 단지 언표들로서 다루는 것입니다. 저는 이런 것에는 흥미가 없습니다.

리마: 그 말인즉슨, 차이는 자료체corpus의 차이라는 거네요. 하나의 신화를 다른 신화와 비교하는 것은 하나의 자료체를 가정합니다. 반면에 선생님께서는 이질적인 자료체들 사이의 비교를 제안하시는 거고요.

푸코: 이질적인 자료체들 사이이지만, 일종의 동위성isotopie은 있습니다. 특정한 역사적 영역을 적용의 장으로서 갖습니다. 레비스트로스의 그림découpage은 사실, 특정한 동질성을 가정합니다. 왜냐하면 레비스트로스는 신화들과 담론들을 다루기 때문입니다. 그러나 거기에 역사적 동질성, 역사지리학적 동질성은 없습니다. 반면에 뒤메질이 추구하는 것은, 인도-유럽 사회들에 의해 형성된 전체의 내부에서 정치적이고 지리학적인, 언어학적이고 역사적인 동위성, 하나의 자료체를 형성하고 이론적

진리와 법적 형태들

담론들과 실천들 사이의 비교를 형성하는 무언가를 정립하는 것입니다.

아마랄: 담론적 형성체들을 이해하기 위해 주체를 신임하는 것은 신화화의 과정이고, 그 속에서 담론의 부피는 은폐됩니다. 실천을 신임하고 역사를 신임하는 것은 새롭게 이 담론을 은폐하는 게 되는 것 아닐까요?

푸코: 선생님께서는 특정한 형식의 분석이 담론적 실천과 담론적 전략의 담론 층위들을 은폐한다고 비판하십니다. 선생님께서는 혹시 제가 제안하는 분석이 다른 것들을 은폐하게 되지는 않을지 알고 싶으신 건가요?

아마랄: 선생님께서는 어떻게 담론적 형성체들이 하나의 사실을 구성하는지—저는 담론적 형성체들이 우리가 그런 식으로 실제적으로 고려할 수 있는 유일한 사실이라고 생각하는데—그리고 이 사실을 해석하는 것, 그것을 주체나 대상들에 되돌려놓는 것이 신화화라는 것을 보여주셨습니다. 선생님께서는 그러나 강연에서 실천들과 역사에 준거하셨습니다. 결론적으로 저는 이해가 잘 되지 않습니다.

231

푸코: 선생님께서는 제가 사실상 분석 가능한 유일한 요소, 우리에게 주어지는 유일한 요소는 담론이라고 간주한다고 생각하십니다. 그 결과 나머지는 존재하지 않는다고요. 담론만이 존재한다고요.

아마랄: 나머지는 존재하지 않는다는 게 아니라 접근이 불가능하다는 말입니다.

푸코: 그건 중요한 문제입니다. 사실, 존재하는 건 담론밖에 없다고 말하는 것은 말이 안 될 겁니다. 아주 간단한 예를 들어보죠. 자본주의적 착취는 어떤 의미에서는, 그에 대한 이론이 실제로 담론 안에서 직접적으로 형성되지 않고 실현되었습니다. 그것은 차후에 역사적 담론 또는 경제적 담론 등의 분석적 담론에 의해서 규명되었습니다. 그러나 역사적 과정은 담론의 내부에서 실행되었나요, 그렇지 않은가요? 그것은 사람들의 삶, 그들의 신체, 그들의 노동시간표, 그들의 삶과 죽음 위에서 실행되었습니다. 그런데 만약 우리가 자본주의적 착취의 수립과 효과들에 대해 연구하고자 한다면, 우리는 무엇을 다루게 될까요? 그것이 표현되는 장소는 어디일까요? 넓은 의미의 담론들, 즉 사업자등록부, 소득세 장부, 세관 장

진리와 법적 형태들

부 등입니다. 그리고 우리는 그것을 엄격한 의미의 담론들 안에서 다시 발견하게 될 겁니다. 행정 권고들에 의해 취해진 결정들 안에서, 공장 규제들, 사진들 등등에서요. 이 모든 것은 어떤 의미에서는 담론의 요소들입니다. 우리가 그 외부에 위치할, 그리고 그다음에 우리가 연구할 유일한 담론의 우주가 있는 것이 아닙니다. 우리는 예를 들어서 자본주의와 그 대표자들, 자본주의적 권력이 '구원이란 어떤 월급 인상도 요구하지 않고 일하는 것'이라는 점을 설명하기 위해 발전시킨 도덕적 담론을 연구할 수 있을 것입니다. 이 '노동 윤리'는 18세기 말부터 19세기 말까지 엄청나게 중요한 담론 유형을 형성했습니다. 우리가 가톨릭적 교리문답식 교육cathéchisme, 프로테스탄트의 영혼 지침서들, 학교 교재들, 신문들 등등에서 발견하는 도덕적 담론 말입니다. 우리는 따라서 이 자료체, 이 자본주의적 도덕 담론 전체를 취해서 어떤 전략적 합목적성에 이것이 부합하는지 분석을 통해 보여줄 수 있고, 그렇게 함으로써 자본주의적 착취의 실천 자체와 이 담론 사이에 관계를 만들 수 있습니다. 그리고 그때 자본주의적 착취는 우리에게 이 도덕 담론들의 전략을 연구하는 데에서 보조담론extradiscursif 역할을 할 것입니다. 그러나 이 실천들, 이 자본주의적 착취의 과정들이 어떤

233

측면에서는 일정한 담론 요소들을 통해 알려질 것은 사실입니다.

요컨대 우리는 그런 다음 이전의 것에 어긋나지 않는 다른 절차를 완벽하게 작동시킬 수 있습니다. 자본주의 경제 담론들을 예로 들어봅시다. 우리는 자본주의 기업들의 회계가 어떻게 이루어지는지 질문할 수 있습니다. 우리는 중세 말에 출현한, 장부에 기입된 임금에서부터 오늘날의 거대한 국가 회계에 이르는, 자본주의 기업이 실행한 이 통제의 역사를 구성할 수 있습니다. 우리는 그것이 어떤 전략에 결부되어 있는지, 그것이 무엇에 소용되는지, 그것이 경제적 투쟁 안에서 어떻게 기능했는지를 보여준다는 목적을 가지고서, 이러한 유형의 담론에 대한 분석을 완벽하게 할 수 있습니다. 이것을 하려면 우리는 어디서부터 출발할까요? 다른 담론들을 통해 알려질 특정한 실천들에서부터입니다.

펠레그리누: 선생님께서는 분석가와 환자 사이의 관계가 권력관계라고 단언하십니다. 거기에 저는 동의합니다. 그러나 저는 분석이라는 것이 필연적으로 하나의 권력관계를 형성하는 것, 즉 그 안에서 분석가는 권력을 갖고 있고 분석되는 자는 이 권력에 복종하는 그러한 것이라고

진리와 법적 형태들

는 생각하지 않습니다. 만약 분석이 그렇다면, 저는 그것은 나쁜 분석이라고, 그 분석은 잘못된 것이고 독단적인 심리치료로 변형되었다고 말할 수 있습니다. 지배하는 역할, 대리하는 역할을 자처하는 분석가, 그것은 분석가가 아닙니다. 사실, 분석가가 권력을 가진다면, 이 권력은 그가 환자에게서 받은 것입니다. 왜냐하면 분석가가 권력을 갖는 것이 환자에게 필요하기 때문입니다. 환자는 어떤 면에서는 분석가의 권력에 의존하니까요. 그리고 심지어 환자가 분석가에게 환자 자신의 전능에 대한 욕망의 반영으로서 전제적인 권력을 주는 경우도 흔합니다. 따라서 모든 분석은 결국 피분석자가 분석가에게 주는 이 권력을 캐묻는 데 있습니다. 피분석자는 치료와 탐구를 포기하고 분석가가 피분석자 자신의 존재하기의 과업을 대신해주기를 원합니다. 분석가는, 만약 그가 좋은 분석가라면, 환자가 스스로 감당할 수 없는 권력을 분석가에게 주려 하는 이 전이 **과정**[16]을 당연히 캐묻고, 파괴하고, 인간적이고 화목한 분위기, 절대적으로 평등한 분위기, 진실 추구의 분위기 속에서 해소시키려고 노력해야 합니다.

---

16   원문에 프랑스어로 표기(편집자).

235

푸코: 이 논의는 엄청나게 중요합니다. 60년 전에, 1913년[17]에, 정신분석에 대해 말한 브라질인들과 독일인들이 있었습니다(프랑스인들은 그 당시에 이 주제에 대해 아무것도 몰랐습니다). 토론은 지금처럼 격렬했습니다. 무엇에 대해서였을까요? '모든 것이 실제로 성과 관련되어 있는가'라는 문제에 대해서였습니다. 다시 말해서 토론의 주제는 섹슈얼리티 문제, 섹슈얼리티의 일반성과 확장성 문제였는데, 마찬가지로 격렬한 논쟁이 일어났습니다.

저는 우리가 정신분석에 대해 15분간 토론하는 동안 섹슈얼리티, 리비도, 그리고 욕망 같은 단어들이 언급되지 않은 것이 훌륭하다고 생각합니다. 저는 몇 년 전부터 이런저런 것들을 권력관계의 편에 위치시키고 있는데요, 그래서 우리가 지금 정신분석에 대해 논하는 방식은 매우 만족스럽습니다. 제 생각에 우리는 지금 전통적인 문제들의 완전한 변형으로 넘어가고 있습니다.

3주 전에 나온 로베르 카스텔Robert Castel의 책 『정신분석주의Le Psychanalysme』[18]가 브라질에 이미 당도했는지

17　[푸코의 지적과는 달리] 프로이트는 1928년에서야 브라질에서 정신분석학자 집단이 구성되었다고 지적한다.

18　Castel (R.), *Le Psychanalysme*, Paris, Maspero, coll. «Textes à l'appui : psychiatries», 1973.

진리와 법적 형태들

모르겠습니다. 카스텔과 저는 함께 작업한 친구입니다. 그는 마지막 분석에서 정신분석이 전통적 정신의학의 권력관계들을 이동시키고 수정해서 결국에는 다시 취하려 한다는 생각을 채택합니다.

저는 이것을 『광기의 역사』의 말미에 서툴게 설명했었습니다. 그러나 카스텔은 이 주제를 매우 진지하게 다룹니다. 권력관계에 입각한 분석에서, 정신의학적, 정신분석적, 심리치료적 실천에 대한 고증을 통해서요. 제 생각에 이건 아주 흥미로운 작업이지만, 정신분석가들을 크게 상처 입힐 수 있는 것입니다. 재미있는 것은 이 책이 3월에 나왔는데, 제가 프랑스를 떠날 즈음인 5월 초에도 저널들이 아직 여기에 대해서 감히 말하지 않고 있었다는 것입니다.

선생님께서 정신분석이 권력관계를 파괴하기 위해서 행해진다고 말씀하시는 것에 대해서 동의합니다. 우리가 두 개인 사이에서, 또는 여러 개인 사이에서 확인되는, 권력관계들에 대한 장악 또는 완전한 파괴를 시도하는 기능을 갖는 관계를 완벽하게 상상할 수 있다는 데 동의합니다. 권력관계는 우리의 살, 우리의 신체, 우리의 신경계를 통하므로, 결국 그것들을 어떤 방식으로든 통제하기를 시도하는 어떤 관계를 말입니다. 권력관계를 완

237

전히 무력화시키는 이러한 관계, 그러한 집단적 관계, 그러한 심리치료라는 아이디어는 굉장히 생산적인 것이며, 만약 정신분석가들이 이러한 권력관계를 프로젝트의 중심에 놓는다면 그건 매우 훌륭한 일일 겁니다.

그러나 저는 현재 행해지는 것과 같은 정신분석은, 한 회에 얼마를 지불하든, '권력관계의 파괴'라고 말할 수 있는 것을 초래하지는 않는다고 말해야겠습니다. 현재까지는, 정신분석은 규범화라는 형식 아래에서 이루어졌습니다.

펠레그리누: 예를 들어 안티-정신의학이나 아르헨티나 운동과 같은 중요한 일련의 증상들이 있습니다. 그리고 선생님께서는 자연스럽게 이탈리아 정신분석가 집단— 그들은 인터내셔널과 단절하고 제4인터내셔널을 설립한 뛰어난 집단이죠—을 알게 되셨습니다. 따라서 정신분석에 대해서 일반적으로 억압적인 제도라는 이미지를 주는 한두 가지 예들만 봐서는 안 됩니다. 저는 그러한 것은 이제는 올바른 이미지가 아니라고 생각합니다. 권력에 대한 급진적인 문제 제기의 견해 안에 적절하게 자리잡은 구체화된 운동 역시 이미 존재합니다. 이것이 정신분석이 정확히 명목상의 지배domination nominale의 권력관

계를 파괴하는 과정이라는 것의 증거입니다.

푸코: 거듭 말씀드리지만 저는 정신분석가가 아닙니다. 하지만 정신분석이 권력관계의 파괴라는 말은 놀랍네요. 현재 정신치료학계에는 다양한 원리들과 경험을 가지고 서 이러한 권력관계들에 종속되지 않는 정신치료가 가 능할지를 보려는 사람들이 있고, 우리는 그들을 인용할 수 있습니다. 그러나 우리는 정신분석이 그런 것이라고 말할 수는 없습니다. 권력관계를 파괴하려 애쓰는 이런 사람들은 커다란 어려움들에 직면하며, 그들은 자신들의 시도들에 준거하는 데에서 매우 신중합니다.

펠레그리누: 그러나 오늘날 정신분석가들은 매우 다양하 게 존재합니다. 우리는 다행스럽게도 이미, 우리를 특징 지었던 통일성을 잃어버렸습니다.

푸코: 역사학자처럼 말하는 것을 허락해주십시오. 정신 분석을 서구 세계에서 실제적인 중요성을 가졌던 문화 현상으로 바라보면, 전체적으로 봤을 때 우리는 그것이 규범화로 향하는 데 일정한 역할을 한 실천이었다고 말 할 수 있습니다. 우리는 대학에 대해서도 마찬가지로, 권

239

력관계를 재구성한다고 말할 수 있을 겁니다. 이러한 기능을 수행하지 않으려 하고 있고 〔또 실제로〕 그렇게 했던 몇몇 대학이 존재함에도 불구하고요. 저는 현재 정신분석 내부에서 권력관계를 파괴하는 방향에서 이루어지는 노력과 관련하여 선생님 말씀에 동의합니다. 그러나 저는 정신분석을 권력에 문제를 제기하는 과학으로 규정할 수 없습니다. 제가 프로이트 이론을 권력에 대해 이의를 제기하는 시도로 규정하지 않는 것과 마찬가지입니다. 아마도 우리의 관점의 차이는 각자의 맥락의 차이에 기인하겠지요. 프랑스에는 우리가 프로이트-마르크스주의라고 부르는, 이데올로기적으로 특정한 중요성을 가졌던 사람들이 있었습니다. 그들에 따르면, 본질적으로 혁명적이고 반체제적인 두 가지 이론이 있는데, 마르크스주의 이론과 프로이트주의 이론입니다. 전자는 생산관계를 중심으로 하고 후자는 쾌락 관계를 중심으로 합니다. 생산관계에서의 혁명, 욕망에서의 혁명, 그런 거죠. 그러나 심지어 마르크스주의 이론에서도, 우리는 권력관계의 갱신·연장reconduction의 예시들을 많이 발견할 수 있습니다.

리마: 제가 보기에 핵심적인 문제는 정신분석이 아닙니다. 문제는 권력이라는 아이디어를 어떻게 다루는가입

진리와 법적 형태들

니다. 지금 권력이 다루어지고 있는 방식은 그것을 물신 fétiche으로 만드는 방식입니다. 즉 우리는 권력에 대해 말할 때마다 착취를 생각합니다. 제가 저를 억압하는 분석가에게 돈을 지불한다는 거죠. 대학에 대해서도 이야기가 나왔습니다만, 푸코 선생님께서는 저희에게 말씀해주시는 걸로 돈을 받으십니다. 부정적인 관계를 결정하는 것은 지불 자체가 아닙니다. 만약 우리가 권력을 하나의 현실로서 취한다면, 모든 권력이 억압을 의미하게 됩니다. 권력을 물신으로 만드는 거죠. 저는 그보다는 권력의 부정적인 조건과 긍정적인 조건을 분석하겠습니다. 왜냐하면, 이런 구분을 하지 않으면, 단순히 아나키스트적 토대 또는 좀 더 현대적인 버전을 들자면 히피적 사유의 아카데미 버전, 교양 버전을 재수립하는 게 될 테니까요.

C. 카츠: 저는 히피적 사유와 아나키즘이 왜 문제인지 모르겠습니다. 제 생각에 들뢰즈는 히피이고 아나키스트입니다. 그리고 그게 왜 문제인지 저는 모르겠네요.

푸코: 저는 절대로 권력과 억압을 동일시하고 싶지 않았습니다. 왜냐? 우선 저는 권력이라는 것은 없고, 다만 사회 안에는 엄청나게 많고 다양한 층위의 권력관계들만

241

이 존재한다고 생각하기 때문입니다. 그 안에서 사람들은 서로 의존하고 서로 대적합니다. 하나의 제도 안에는 매우 다양한 권력관계들이 존재합니다. 예를 들어, 성적인 관계에서 우리는 권력관계들을 갖는데, 이 관계들이 계급 권력의 반영이라고 말하는 것은 너무 단순할 겁니다. 엄격하게 정치적인 관점에서조차, 어떤 서구 국가들에서는, 경제적 권력을 절대로 갖지 못한 개인들이나 사회적 계급들에 의해 정치적 권력이 행사됩니다. 이러한 권력관계들은 미묘하고, 다양한 층위에 존재하기 때문에, 우리는 하나의 권력에 대해서 말할 수 없고, 그보다는 권력관계들을 묘사할 수 있습니다. 어렵고 긴 절차가 필요한 일이죠. 우리는 그것들을 정신의학의 관점, 사회의 관점, 가족의 관점에서 탐구할 수 있을 것입니다. 이러한 관계들은 너무 많아서 모든 것을 하나의 문장으로 요약하면서 억압으로 정의할 수 없습니다. '권력은 억압한다', 그것은 사실이 아닙니다. 권력은 억압하지 않습니다. 두 가지 이유 때문에 그렇습니다. 첫째, 그것은 쾌락을 낳기 때문입니다. 적어도 어떤 사람들에게는 말입니다. 쾌락의 리비도적 경제, 권력의 에로틱이라는 것이 있습니다. 이 것들은 권력이 억압적이지만은 않다는 것을 증명합니다. 둘째, 권력은 창조합니다. 어제 강연에서, 저는 권력관계

진리와 법적 형태들

들, 몰수confiscations 같은 것들이 어떤 좋은 것, 즉 조사[19]로 변형되고 일련의 인식들을 발생시키는 지식의 유형을 낳았다는 것을 보여주고자 했습니다. 요컨대, 저는 권력을 단일한 무언가로 생각하는 단순한 분석을 인정하지 않습니다. 여기서 어떤 분께서 혁명가들이 권력을 장악하려고 한다고 말씀하셨습니다. 그 부분에서 저는 훨씬 더 아나키스트입니다. 저는 제가 권력의 완전히 부정적인 개념을 인정하지 않는다는 점에서 아나키스트가 아니라고 말해야 합니다. 그러나 저는 혁명가들이 권력을 장악하려고 한다는 말에는 동의할 수 없습니다. 아니 오히려 저는 '하느님 감사합니다!'라고 외치면서 동의합니다. 진정한 혁명가들에게는, 권력 탈취란 하나의 계급의 손 안에 있는 보물을 탈취하여, 다른 계급, 이 경우 프롤레타리아에게 주는 것입니다. 우리가 혁명과 권력 장악을 생각하는 방식이 이런 거라고 생각합니다. 소비에트 연방을 보십시오. 우리는 거기서 가족, 섹슈얼리티, 공장, 학교에서 동일한 권력관계들이 작동하는 체제를 발견합니다. 문제는 우리가 현재의 체제에서 미시적인 층위들, 즉 학교나 가족에서의 권력관계들을 변형시킬 수 있는

---

19   원문에 프랑스어로 표기(편집자).

243

지, 그래서 정치경제적 혁명이 일어난다고 했을 때 지금 발견되는 권력관계들과 동일한 것들이 더는 발견되지 않게 될 것인지를 아는 것입니다. 이것이 중국 문화혁명의 문제였습니다.

R. 무라루: 고고학은 하나의 방법(만)을 따르지 않는 것 같은데, 그렇다면 우리는 고고학을 예술art과 매우 가까운 활동으로 생각할 수 있을까요?

푸코: 제가 하려는 것이, 많든 적든 과학적인 분과를 정초한다는 발상으로부터 점점 영향을 덜 받게 되는 것은 사실입니다. 하지만 제가 하고자 하는 것은 예술에 관련된 것이라기보다는 일종의 활동입니다. 일종의 활동이지만, 하나의 분과는 아닙니다. 본질적으로 역사-정치적인 활동입니다. 저는 역사가 정치에 모델이나 예시들을 제공하는 방식으로 그것에 복무한다고는 생각하지 않습니다. 저는, 예를 들어, 19세기 초 유럽의 상황이 20세기 말의 세계 전체의 상황과 어느 정도로 유사한지 알고자 하지 않습니다. 이러한 식의 유비는 생산적으로 보이지 않습니다. 그러나 다른 한편으로 저는 역사가 정치적 활동에 복무할 수 있다고 생각하는데, 이는 역사학자의 임무,

244

나아가 고고학자의 임무가 행동, 조건, 존재 조건들, 권력관계들 등등의 연속성과 토대들을 발견하는 것이라는 한에서 그렇습니다. 특정 순간에 구성되고 다른 토대들을 대체하고 또 남아 있는 이 토대들은 다른 산물들 아래 현재 감춰져 있거나, 또는 그것들이 우리의 신체, 우리 존재의 많은 부분을 이루고 있기에 단순히 감춰져 있습니다. 즉 이 모든 것이 역사적 발생을 갖는다는 것은 명백해 보입니다. 이런 의미에서 고고학적 분석의 첫 번째 기능은 우리에게 통합되어 있는 불분명한 연속성들을 발견하는 것입니다. 이러한 연속성들의 형성에 대한 탐구로부터 우리는 그것들이 가졌던 그리고 오늘날 여전히 가지고 있는 유용성, 즉 그것들이 어떻게 우리의 존재 조건들의 현행적 경제 안에서 작동하고 있는지를 확인할 수 있을 겁니다. 세 번째로, 역사적 분석은 우리로 하여금 이 토대들, 이 연속성들이 어떤 권력 체계에 연결되어 있는지를 결정하도록 해줄 것입니다. 그리고 결론적으로 그것들에 다가가기 위해 어떻게 할지를 알게 해줄 것입니다. 예를 들어, 정신의학 영역에서, 19세기 초에 어떻게 정신의학적 지식과 제도가 수립되었는지를 아는 것과 이 모든 것이 어떻게 일련의 경제적 관계들, 아니면 적어도 유용한 관계들 내부에 연루되어 있었는지를 보는 것

245

은 흥미로워 보입니다. 만약 우리가 규범화의 모든 심급
들에 맞서 싸우고자 한다면 말입니다. 저에게 고고학이
란 이런 겁니다. 과거와 현재 사이의 유사성의 관계가 아
니라 연속성의 관계들에 근거하고, 현재의 투쟁 전략의
전술적 목표들을 정의할 수 있는 가능성에 근거하는, 정
확히 그것에 따르는, 역사-정치적 기획입니다.

익명의 참가자: 들뢰즈는 선생님이 시인이라고 말했습니
다. 그런데, 선생님께서는 자신이 시인이 아니라고, 고고
학은 예술이 아니고, 이론도 아니고, 시도 아니라고 말씀
하십니다. 그것은 실천이라고요. 고고학은 불가사의한 기
계인가요?

푸코: 물론, 고고학은 기계입니다. 그런데 왜 불가사의한
가요? 비판적 기계, 특정한 권력관계들을 문제 삼는 기
계, 해방적 기능을 갖거나 적어도 가져야 할 그런 기계입
니다. 우리가 시에 해방적 기능을 부여하는 한에서, 저는
고고학이 시는 아니지만, 시적이었으면 좋겠다고 말하겠
습니다. 들뢰즈가 무엇 때문에 저를 시인이라고 했는지
잘 기억이 나지 않습니다만, 만약 그 단어에 의미를 부여
하고자 한다면, 그것은 들뢰즈가 저의 담론은 엄밀한 의

진리와 법적 형태들

미의 역사를 지배하는 검증 법칙들에 복종하기를 추구하지 않는다는 말을 하고 싶었기 때문일 겁니다. 역사가 진실을 말한다는 유일한 목적 즉 요소, 과정, 변형의 구조의 수준에서 무슨 일이 일어났는지 말한다는 목적을 갖는 한에서 말입니다. 저는, 훨씬 더 실용적인 방식으로, 사실상 저의 기계가 더 낫다고 말하겠습니다. 그것이 벌어진 일을 옮겨 적거나 그것에 모델을 제공해서가 아니라, 그것이 벌어진 일에 대해 우리를 벌어진 일로부터 해방되게 해주는 그러한 모델을 부여하는 데 성공한다는 점에서 말입니다.

A. R. de 산타나: 선생님께서는 이미 난해함hermétisme이 권력의 한 가지 통제 형식이고 그것 안에 라캉적 사유의 불분명한 형식에 대한 참조가 또한 있었다고 말씀하셨습니다. 다른 한편, 저는 선생님에게서, 저 같으면 '안티-말라르메적인 책에 대한 말라르메적 기획'이라 부를, 꽤 명확한 책을 쓰고자 하는 욕망을 느낍니다. 우리가 투명성의 담론과 대조적으로 문학적 담론의 불투명성에 대해 생각할 때, 우리는 말라르메Stéphane Mallarmé(**언어의 귀환**[20])와 보

---

20   원문에 프랑스어로 표기(편집자).

247

르헤스Jorge Luis Borges(**헤테로토피아**[21])와 함께, 불투명성의 담론을 특권화하게 되는 것 아닐까요? 특히 "니체와 함께, 말라르메와 함께, 사유는 추방될 것이다fut reconduite. 폭력적으로, 언어 자체를 향해, 그것의 특이하고 어려운 존재를 향해"라는 문장을 생각한다면요?[22]

푸코: 제가 제 책에서 말한 것에 무제한적으로 찬동하지는 않는다는 것을 강조해야 합니다. 사실 저는 글쓰기의 즐거움 때문에 글을 씁니다. 제가 말라르메와 니체에 대해 말하고 싶었던 것은 언어학 같은 분과 학문이나 말라르메의 그것과 같은 시적 경험들에서 그 메아리가 발견되는 운동이 19세기 후반에 있었다는 것입니다. 대략적으로, '언어란 무엇인가?'와 같은 질문을 했던 일련의 운동들입니다. 이전의 연구들은 생각을 전달하고, 사유를 재현하고, 의미작용들을 연결시키기 위해 언어를 어떻게 사용할 것인가를 알고자 했다면, 이제 반대로, 언어의 능력, 그것의 물질성이 문제가 된 것입니다.

---

21   원문에 프랑스어로 표기(편집자).

22   *Mots et les Choses*, Paris, Gallimard, 1966, p. 317에서 인용[미셸 푸코, 『말과 사물』, 이규현 옮김, 민음사, 2012].

248

제 생각에, 우리가 언어의 물질성 문제에 접근할 때, 일종의 궤변론이라는 주제로의 회귀가 있는 것 같습니다. 저는 이 회귀, 언어의 존재를 둘러싼 이러한 관심이 비교주의ésoterisme, 秘敎主義와 동일시될 수 있다고 생각하지 않습니다. 말라르메는 명확한 작가가 아니고, 그러기를 주장하지도 않지만, 이러한 비교주의가 반드시 언어의 존재의 문제로의 회귀 안에 내포되어 있지는 않은 것 같습니다. 만약 우리가 언어를 물질성의 결정된 지위를 갖는 일련의 사실들이라고 생각한다면, 언어는 우리가 그것을 결정된 방식으로 사용할 수 있기 때문에 권력의 남용이 됩니다. 너무 불분명해서, 이해가 됐든 재사용이 됐든, 반박, 대답, 비판 등등이 됐든, 해답 없는 문제들을 만들어내면서, 상대방 처지에서는 외부에서 부과되는 권력처럼 말입니다. 언어의 존재로의 회귀는 따라서 비교주의의 실천과는 연관이 없습니다.

저는 고고학이, 이런 유의 역사-정치적 활동이 반드시 책이나 담론이나 글로 번역되지는 않는다는 말을 덧붙이고 싶습니다. 결국 지금 저를 답답하게 만드는 건 바로 옮겨 적어야 한다는 의무, 모든 것을 하나의 책 안에 가두어야 한다는 의무입니다. 저는 그것(고고학)이 책들을 통해서, 지금과 같은 담론과 토론들을 통해서, 정치,

249

그림, 음악 등등의 활동들을 통해서 완성되어야 할, 실천
적이면서 이론적인 행위라고 생각합니다.

진리와 법적 형태들

브라질에 간 푸코

푸코는 1965년부터 1976년까지 총 다섯 차례 브라질을
방문한다.[1] 〈진리와 법적 형태들〉은 그중 두 번째 방문에

1   푸코가 브라질에 가게 된 근본적인 배경에는 상파울루대학교(USP)와 프랑
스 지식계 사이에 수십 년에 걸쳐 이어진 제도적 연결이 존재한다. USP 철학과는
1934년 설립 이후 이른바 '프랑스 미션(mission française)'을 통해 프랑스 철학
자들을 지속적으로 초빙한다. 이를 계기로 해 페르낭 브로델(Fernand
Braudel), 클로드 레비스트로스, 질가스통 그랑제(Gilles Gaston Granger), 마르
샬 게루(Martial Gueroult), 클로드 르포르(Claude Lefort) 등이 브라질에서 강
의했으며, 푸코는 이들의 뒤를 따르게 된다. 1965년 첫 방문의 직접적인 계기는
1950년대에 파리고등사범학교에서 학생과 튜터 관계로 푸코와 인연을 맺었고
1960년부터 USP 철학과 교수로 재직하고 있던 제라르 르브룅(Gérard Lebrun)
의 초청이었다. 첫 번째 방문에서 푸코는 이듬해 4월 출판될 『말과 사물』의 내용
으로 강의를 진행했는데, 이 당시 푸코는 브라질 청중에게는 거의 알려지지 않은
사상가로, 이 강의는 출석자가 많지 않았고 대체로 성공적이지 못했던 것으로 평
가된다. 그러나 8년 후에 이뤄진 재방문 당시 브라질 청중은 이제 프랑스와 유럽
지식계에서 저명한 학자가 된 푸코를 이전과는 매우 다른 분위기로 맞이하게 된
다. Daniela Lima Barros et Rafael Lima Barros, « Michel Foucault, Archéologie
des sciences humaines. Cours. São Paulo (1965)», *Astérion* [En ligne],
Recensions, mis en ligne le 06 octobre 2025. URL: http://journals.openedition.
org/asterion/11581; Ricardo Parro et Lima da Silva Anderson, «Michel Foucault
Na Universidade De São Paulo». *Discurso*, vol. 47, n° 2, décembre 2017, p. 205-
23; Heliana de Barros Conde Rodrigues, *Michel Foucault au Brésil: Présence,
effets, résonances*, Harmattan, 2020; Marcelo Hoffman, *Foucault in Brazil -*

251

서 이루어진 강연으로, 1973년 5월 21일부터 25일까지 총 5일간, 리우데자네이루 교황청 가톨릭대학교PUC-Rio 에서 진행했다. 다섯 차례의 방문 동안 푸코는 당시 한창 발전시키고 있던 권력 연구의 틀 안에서 인간과학, 법학, 광기, 현대철학과 문학, 사회의학, 성, 감옥 등 다양한 주제에 대해 수십 차례 강연과 비공식 대담을 벌였다. 이 강연과 대담들은 프랑스에서 이미 발표한 내용들을 단지 소개하는 자리들은 아니었다. 1965년 첫 번째 방문에서 푸코는 아직 출간되기 전이었던 『말과 사물』의 내용으로 강의했으며, 1975년 네 번째 방문에서는 그다음 해에 출간될 『성의 역사』 1권의 내용으로 강의하면서 처음으로 '생명정치biopolitics' 개념을 소개했다. 〈진리와 법적 형태들〉 강연 또한, 푸코의 콜레주드프랑스Collège de France 강의의 초반 3년간의 내용을 요약한 버전에 해당한다고 볼 수 있지만, 그 내용이 완전히 같지는 않다. 다시 말해 푸코에게 브라질은 일종의 '실험실'로서, 연구의 새로운 방향성을 소개하고 동료들과 청중, 독자들로부터 피드백을 받을 수 있는 공간이었다.

그러나 푸코의 이러한 브라질 사람들과의 소통은 브

Dictatorship, Resistance, and Solidarity, University of Pittsburgh Press, 2024.

252

라질의 정치적 상황에 의해 제약을 받을 수밖에 없었는데, 왜냐하면 푸코의 모든 브라질 방문이 1964년 3월부터 약 21년간 지속된 브라질의 군사독재 상황에서 이루어졌기 때문이다. 공산주의의 위협으로부터 브라질 민주주의를 구하겠다는 명분으로 미국의 지원을 받아 쿠데타를 일으키며 등장한 군부는 내부 분열과 대중적 반대에 맞서기 위해 행정 명령에 크게 의존하는 상황이었고, 이는 고문의 광범위하고 체계적인 사용으로 이어졌다. 이러한 정치적 탄압은 1968년 파업과 학생 시위의 물결의 여파로 극에 달하고 있었다. 그 무렵 푸코 역시 그의 인생에서 전례 없는 정치적 투쟁의 기간을 보내는 중이었다. 그는 튀니지에서 철학을 강의하면서 튀니지의 권위주의 정권에 저항하는 마르크스주의 학생들과 연대 활동을 벌였고, 프랑스에서는 1971년부터 감옥의 열악한 환경에 항의하기 위한 감옥정보그룹GIP 활동을 시작하는 등 전투적 지식인으로서 명성을 높여가고 있었다. 또한 푸코는 1971년에 프랑스에서 브라질의 경찰 조치에 대한 반대하는 서명에 참여함으로써, 두 번째 방문 때부터는 브라질 당국과 마찰을 빚을 가능성이 있는 상황이었다. 무엇보다 푸코를 초청하고 대담과 토론에 참여한 브라질 학자들은 대부분 당시 독재정권의 탄압 아래 있었던 좌

253

파 지식인들이었다. 이 때문에 푸코는 독재정권에 대해서 공개적으로는 침묵을 지키는 대신, 강연과 토론, 대담 등을 통해서 자신의 입장을 드러내고 브라질 청중과 소통하는 방식을 택했다.[2]

특히 사법의 역사를 다룬 〈진리와 법적 형태들〉 강연은 당시 브라질의 현실 상황과 많은 지점에서 공명할 수 있었다. 서구 사법사에서 '조사' 체제의 출현과 수사 행위로서 고문의 기능에 대한 푸코의 분석은 청중에게 곧바로 당시 브라질에서 행해지고 있던 군경 조사와 고문의 맥락으로 치환되어 받아들여지기도 했다. 또한 푸코는 이 강연에서 마르크스주의의 현실 인식과 해방 기획에 대한 직접적인 비판과 대안을 제시함으로써, 당시 결코 성공적이지 못하던 브라질 좌파의 투쟁 전략에 대

2   Hoffman, pp. 3-23. 이러한 침묵은 1975년 네 번째 방문에서 USP 학생 총회에서 연설을 하면서 깨지게 된다. 당시 푸코가 강의를 위해 상파울루에 도착했을 무렵, 독재 정권 내내 저항의 거점 중 하나였던 USP의 학생과 교수들에 대한 대대적인 체포가 시작된다. 푸코는 학생들의 요청에 따라 1975년 10월 23일 학생 총회에서 탄압받는 학생·교수들과의 연대를 공개적으로 선언한다. 이는 푸코가 브라질 독재에 대해 처음 공개적으로 발언한 순간이었다. 이틀 뒤 언론인 블라디미르 헤어초크(Vladimir Herzog)의 고문치사 사건이 발생하고, 푸코는 항의하는 의미로 USP에서 강의를 중단하고 헤어초크의 추모 예배에 참석한다. 푸코는 자신이 브라질에서 추방됨으로써 국제적 관심이 집중되기를 바랐지만, 추방은 이루어지지 않았고, 푸코는 다음 해에 마지막으로 브라질을 방문하게 된다.

254

해 많은 시사점을 던졌다.[3] 요컨대 우리는 〈진리와 법적 형태들〉을 통해 푸코의 사회 참여 및 정치적 활동과 그의 정치철학자로서의 발돋움이 어떻게 맞물리는지 알 수 있으며, 동시에, 철학과 정치 사이에 양방향의 소통이 일어나는 하나의 현장을 목격할 수 있다.

진리의 외재적 역사 기획

〈진리와 법적 형태들〉 강연은 푸코의 1970~1973년 콜레주드프랑스 강의[4]의 핵심 내용들을 중심으로 구성되었다. 이 내용들은 다음 해 강의[5]와 함께, 푸코의 정치철학을 대표하는 저작 『감시와 처벌』(1975)의 기초를 이루게

3   Hoffman, pp. 38-43.

4   Michel Foucault, *Leçons sur la volonté de savoir (1970-1971)*, Paris, EHESS, Gallimard, Seuil, coll. *Hautes études*, 2011[미셸 푸코, 『지식의 의지에 관한 강의—콜레주드프랑스 강의 1970~71년』, 양창렬 옮김, 난장, 2017]; *Théories et institutions pénales (1971-1972)*, Paris, EHESS, Gallimard, Le Seuil, coll. *Hautes études*, 2015; *La société punitive (1972-1973)*, Paris, EHESS, Gallimard, Le Seuil, coll. *Hautes études*, 2013.

5   Michel Foucault, *Le Pouvoir psychiatrique (1973-1974)*, Paris, EHESS, Gallimard, Seuil, coll. *Hautes études*, 2011[미셸 푸코, 『정신의학적 권력—콜레주드프랑스 강의 1973~1974년』, 오트르망 옮김, 난장, 2014].

255

옮긴이 해제

된다. 강연을 시작하면서 푸코는 '진리와 법적 형태들'이라는 제목으로 소개될 내용이 자신이 이전 연구에서 펼쳐온 세 가지 사유의 축, 다시 말해 '지식의 사회적 형성'이라는 연구 주제의 축, '담론 분석'이라는 방법의 축, 그리고 '주체 이론의 갱신'이라는 철학적 목표의 축이 만나는 지점에서 이뤄지는 혁신적인 연구라고 말한다. 1강에서 푸코는 이 세 축 각각에 대해 설명하고, 그것들이 수렴할 수 있게 한 이론적 배경으로서 니체 철학을 소개한다. 그러고 나서 2강부터 5강까지, 서구 역사에서 사법적인 실천을 지배해온 세 가지 체제(시련épreuve, 조사 enquête, 검사examen)에 대한 분석을 제시한다. 이 세 체제는 특정한 물질적 조건 아래서 출현과 소멸을 반복하면서 서구인의 존재 방식을 결정해온 근본적인 양식들로 제시되는데, 푸코는 이를 다시 특정한 진리적 요소와 권력적 요소의 결합으로 이루어진 '지식-권력' 형태들로 규정한다.

먼저, '지식은 어떻게 사회적 실천으로부터 형성되는가'라는 연구 주제는 푸코가 본격적으로 학자로서의 여정을 시작했던 1960년대 초반부터 일관되게 가져왔던 문제의식이라 할 수 있다. 푸코는 자신의 연구를 지식에 대한 일종의 '고고학'으로 정의하는데,[6] 이러한 명칭은 전통적인 방식의 지식사史와는 다른 관점의 지식사에 대한 추구를 나타낸다.[7] 전통적인 방식의 지식사는 대체로 동시대에 실증적인 것으로 인정되는 지식을 최종적인 진리로 상정하고, 인간이 오류, 편견, 관성, 은폐 등에 의한 무지몽매함으로부터 해방됨으로써 그러한 진리를 발견하는 과정을 기술한다. 반면, 푸코는 진리를 특정한 시공간과 사회-문화적 조건에서 출현, 성립하는 역사적 산물로 보며, 지식의 토대가 놓여 있는 지점까지 파고 내려가 지식을 지식으로 성립시키는 이러한 사회-문화적 조건들을 발굴하고자 한다. 이러한 진리의 고고학적 조건들은 특정한 양식에 따라 주체의 관점과 입장, 지식의 대상과 개념 등을 구성함으로써 참과 거짓의 분할선을 결정하는 익명적이고 역사적인 규칙들로 이해된다. 푸코의 고고학적 탐구는 지식의 가변적이고 우연적이며 문화 상

---

6   1960년대의 주요 저작 네 편에서 '고고학'은 제목에 들어 있거나 방법론을 지칭하는 데 사용된다. 『광기의 역사』(1963)는 초판 서문에서 '광기의 침묵에 대한 고고학'으로 표현되며, 『임상의학의 탄생』(1963)과 『말과 사물』(1966)은 각각 '의학적 시선의 고고학'과 '인간과학의 고고학'이라는 부재가 붙었다. 그리고 방법론에 대한 저작 『지식의 고고학』(1969)이 있다.

7   Frédéric Gros, "Michel Foucault, une philosophie de la vérité", *M. Foucault Philosophie : Anthologie* (pp. 11-25), Gallimard, 2013, pp. 12.

257

대적인 조건을 발견함으로써, 전통적으로 진리에 부여되어온 보편적, 절대적 가치를 해체하고 진리의 시대적, 역사적 가치를 복구하고자 하는 기획이라 할 수 있다.

철학사의 맥락에서 푸코의 고고학적 기획은 지식의 가능성을 인간이 본성적으로 갖고 있는 보편적인 인식 구조에서 발견하고자 했던 칸트의 비판철학을 역사적 관점에서 재구성하는 시도로 볼 수 있다. 이것은 지식의 주체에 대한 전통적인 관념에 대하여 중요한 수정을 가하는 것이다. 전통적으로 지식의 주체는 '인식과 진리가 나타나는 원점', 또는 외부 세계에서 일어나는 일을 선입견 없이 포착, 비교할 수 있는 중립적인 존재로 전제됐다. 푸코에 따르면 칸트는 물론, 최소한 데카르트까지 거슬러 올라가는 이러한 인식 주체에 대한 철학적 가정은 현대의 역사학적 탐구 전반에서 여전히 발견된다. 예컨대 유럽의 강단 마르크스주의의 지식사 연구는 '인간 의식이 존재의 외부적 조건들을 어디까지 반영하는지'를 탐구하는데, 이러한 문제 설정은 '권리상 진리에 개방된 순수한 인식 주체'의 존재와 이러한 주체로 하여금 진리를 있는 그대로 인식하지 못하도록 방해하는 이데올로기들로 기능하는 경제적, 사회적, 정치적 조건들을 가정한다(10, 39쪽). 그러나 푸코는 지식에 대한 진정으로 역사

진리와 법적 형태들

적인 탐구를 위해서는 이러한 주체 개념과 단절해야 한
다고 본다. 왜냐하면 이것은 16세기 말 영국과 프랑스에
서 시작된 실험 과학과 관찰 과학의 산물로, 전혀 자연
적이지도, 보편적이지도 않은 것이기 때문이다. 보편성과
자연성, 순수성과 중립성이라는 특징들로 정의되는 인
식 주체는 세계에 대한 중립적이고 수용적인 시선을 방
해하는 선입견과 환상 즉 이데올로기적 베일이 걷히면서
가능해진 것이 아니라, 일련의 제도와 실천의 망 전체에
의해서 순수한 관찰자적 시선이 가능한 지점이 규정됨
에 따라 등장했다는 것이다(216쪽).

푸코의 관심은 바로 이러한, 특정한 형태의 주체를
생산하는 제도들과 실천들의 망 전체를 복구함으로써
지식의 형성을 설명하는 것이다. 지식의 주체는 순수한
상태로 원래부터 존재하는 것이 아니라 새로운 지식이
형성될 때 새로운 대상과 개념, 기법과 함께, 그것이 요구
하는 주체와 객체 사이의 관계에 따라서 새롭게 탄생한
다. 그리고 정치적, 경제적 조건들은 인식을 방해하거나
진리를 가리는 장애물이 아니라, 주체와 객체 사이, 인식
주체와 진리 사이의 관계 형성이 일어나는 토양이다. 이
러한 맥락에서 푸코는 "결정적으로 주어지는 인식 주체
의 우위를 배제한, 사회적 실천과 연결된 지식의 영역들

259

의 역사"의 구성을 과제로 설정하며, 이것을 '진리의 외재적 역사'라고 명명한다. 요컨대 진리의 역사는 두 종류다. 기존의 지식사들이 '진리의 내재적 역사' 즉 '진리가 자신의 고유한 조절 원리들에 따라 자기 정정해 가는 과정'을 기술해 왔다면, 푸코는 이것과 다른 층위에서, "사회 안의 여러 장소에서 정의되는 특정한 형태의 주체성, 대상 영역, 지식 유형을 탄생시키는 게임의 규칙들에 기반한" 진리의 외재적, 실천적 역사를 쓰고자 한다(15쪽).

지식의 의지: 진리의 정치적 의미

지식을 인간의 본성적인 인식 능력에 의해 발견되는 진리가 아닌 역사적, 문화적 구성물로 이해하는 것은 지식을 '담론' 즉 사회 안에서 이루어지는 언어적 실천으로 바라봄으로써 가능해진다. 이러한 맥락에서 푸코는 자신의 구체적인 연구 방법을 '담론 분석'이라 칭한다. 이는 지식을 어디까지나 담론이라는 존재 양식의 차원에서, 즉 다른 종류의 실천들과 제도들과의 관계 속에서 형성되고 기능하는 언어적 실천의 차원에서 고찰하겠다는 것을 의미한다. 담론 분석에서 지식의 가능 조건은 '언표(말)의 출현

260

조건'으로 정의되는데, 이때 언표는 실제로 발화되거나 기록된 것, 다시 말해 물질적인 실존을 가진 것에 한정된다.[8] 그리고 이러한 점에서 푸코의 담론 분석은 언어학적 체계가 제공하는 논리적인 가능성 전체 즉 가능한 언어적 조합 전체를 다루는 언어학적 연구와 구분된다. 푸코에 따르면 담론은 어떤 수준에서는 "언어학적 사실들의 규칙적인 집합"으로 정의되지만, 이것과 다른 수준에서 "논쟁적이고 전략적인 사실들의 규칙적인 집합"으로 정의될 수 있다. 실천으로서의 담론은 일종의 놀이이자 게임, 즉 "작용과 반작용의, 질문과 대답의, 지배와 회피의, 그리고 싸움의 전략적 게임"으로 이해된다(12쪽).

푸코는 1970년에 콜레주드프랑스 강의를 시작하면서, 지식에 대한 이러한 담론 분석의 관점을 확립한다.[9] 여기서 푸코는 지식 담론을 사회에서 가장 강력한 배제를 수행하는 체계로 정의한다.[10] 그에 따르면 모든 사회

---

8 Michel Foucault, *L'Archéologie du savoir*, Gallimard, 1969.

9 Michel Foucault, *Ordre du discours*, Gallimard, 1971. 이하 *OD*로 표기. 옮긴이 번역.

10 "담론 내부에 서서 본다면, 참과 거짓의 구분은 임의적이지도, 변경 가능하지도, 제도적이지도, 폭력적이지도 않다. 그러나 다른 차원에서 바라본다면, …… 매우 일반적인 형태로 우리의 지식의 의지를 지배하는 분할의 유형이 무엇인지 묻는다면, 아마도 배제 시스템(역사적이고, 변경 가능하며, 제도적으로 강

261

는 담론의 생산을 일정한 절차들에 의해 통제, 선별, 조직, 재분배한다. 예컨대 사회에는 '누구나, 어떤 상황에서나, 아무것이나' 말할 수 없다는 규칙이 존재한다. 담론의 공간에서는 대상의 금기, 상황에 따른 의례, 말하는 주체의 자격 내지는 특권이 작동하는 것이다. 푸코에 따르면 이는 담론이 단순히 사회 안에서 작동하는 투쟁이나 지배를 반영하기 때문만이 아니라, 그 자체로 욕망의 대상이기 때문이다.[11]

지식을 욕망에 의한 권력 투쟁이 벌어지는 장으로 이해하는 관점의 배경에는 니체의 철학이 존재한다. 1강에서 푸코는 연구의 세 축을 설명하고 난 뒤, 여기서 하나의 이름을 인용하는 것이 정직한 처사일 것이라며 니체를 인용한다. 그에 따르면, 니체는 '지식의 의지'의 관점을 제시함으로써 지식과 인식에 대한 서양의 유구한 이해를 전복시킨다. '지식의 의지 la volonté de savoir' 또는 '지식욕 le vouloir-savoir'으로 번역될 수 있을 니체의 용어

제되는)이 모습을 드러내는 것을 볼 수 있을 것이다." *OD*, pp. 16.

11 "담론은 …… 단순히 욕망을 드러내거나(혹은 숨기는) 것이 아니라, 욕망의 대상 그 자체이기도 하다. 그리고—역사가 끊임없이 가르쳐주듯이—담론은 단순히 투쟁이나 지배 체계를 반영하는 것이 아니라, 우리가 그것을 위해, 그리고 그것을 통해 투쟁하는 대상이며, 우리가 장악하려 하는 권력 그 자체이다." *OD*, pp. 12.

262

'Wissensgier'는 인간이 '사물의 본성을 철저하게 규명할 수 있'으며, '지식과 인식에는 만병통치약과 같은 효력이 있다'라고 믿는 소크라테스적 태도를 가리킨다. 이러한 믿음은 학문의 토대가 되지만, 니체는 이것이 보편적, 절대적 진리를 가정하고 참과 거짓의 구분을 통해 인식에서 가상과 오류를 배제함으로써, 실상 '오류, 기만, 위장, 현혹, 자기기만에 기초하고 있는' 실제의 삶을 도외시한다고 비판한다.[12] 서양 철학에서 인식은 전통적으로 '인간 본성에 새겨진 본질적인 능력이자 자연적 사실'(아리스토텔레스), 또는 '정념이 배제된 상태에서 이뤄지는 사태의 본질 파악 또는 대상과의 합치'(스피노자) 등으로 이해됐다. 그러나 니체에 따르면 인식이란 "본능들 사이의 게임, 대립과 접합, 투쟁과 타협의 결과"다. 인식의 토대에는 언제나 서로 충돌하는 본능 또는 힘의 역학이 존재하며, 인식은 이러한 충돌이 만들어내는 하나의 효과라는 것이다. 그것은 마치 "서로 다른 두 검이 맞부딪치며 일으키는 불꽃"과 같은 것이다. 니체에게 인식은 조화가 아닌 갈등, 필연이 아닌 우연과 위험의 산물이며,

---

12   양창렬, 「옮긴이 해제」, 미셸 푸코, 『지식의 의지에 관한 강의』, 난장, 2017, 405~406, 409쪽.

263

이해란 필연적으로 대상에 대한 혐오와 지배욕으로부터 발생하는 것이다(32쪽).

이렇게 인식의 본질을 증오와 투쟁, 권력관계로 파악함으로써 인식과 진리의 필연적 관계를 끊어버리는 니체의 사유는 지식을 인간이 놓여 있는 구체적인 전략적 관계로서 분석하고자 하는 푸코의 탐구에 모델이 되었다(35쪽). 푸코는 1960년대 후반에 니체의 지식의 의지 개념을 발견함에 따라, 지식과 권력의 상호작용에 대한 문제의식을 발전시킨다. 푸코는 지식의 의지를 시대마다 형태를 달리하면서 지식의 형식 그리고 주체의 관점과 태도를 결정함으로써 지식 체계를 구성하는 근본적인 힘으로 이해한다. 푸코에 따르면 우리는 과학의 역사를 지식의 의지의 형태학으로 설명할 수 있다. 예컨대 고전주의 시대에는 대상에 대한 관찰과 측정, 검증과 분류를 요구하는 지식의 의지가 등장하여 이전 시대의 논평적 지식을 검증적 지식으로 대체했다면, 19세기의 지식의 의지는 이것과 또 다른 형태의 인식과 대상 영역, 그리고 그에 상응하는 새로운 기반 기술을 요구한다.[13]

요컨대 니체적 관점은 지식을 역사적으로 가변적이

---

13   *OD*, pp. 15-20.

진리와 법적 형태들

고 제도적으로 강제되는 하나의 권력 장치로 볼 수 있게
한다. 푸코는 지식의 이러한 측면이 오늘날 우리에게 상
대적으로 은폐되어 있으며, 그 이유는 바로 우리 시대의
지식의 의지가 진리와 권력의 양립을 허용하지 않는 형
태이기 때문이라고 주장한다.[14] 다시 말해 우리 시대의
지식은 '진리와 권력의 이율배반의 신화'에 의해 지배되
고 있다. 푸코에 따르면 이러한 신화는 BC 2,000~1,000
년대까지 유럽 사회에 존재했던 정치권력과 특권적 지
식의 소유의 중첩 즉 권력과 지식의 통일적 체계가 어느
시점에 붕괴함에 따라, 진리 담론이 더는 말이 가진 힘
과 효과에 따라 평가되지 않고 그 내용에 따라 평가되
기 시작하면서부터 형성되었다(79~80쪽). 2강에서 푸코
는 오이디푸스를 이러한 관점에서 해석하면서(오이디푸
스가 테바이에서 추방당한 것은 그가 동시에 지식과 권
력을 지나치게 많이 가졌기 때문이다), 여전히 우리의 문
명을 규정하고 있는 이 신화를 청산해야 한다고 말한다
(80~81쪽).

14　　*OD*, pp. 21-22.

265

진리에 대한 니체의 사유는 진리와 권력의 통일성을 역사에 다시 도입하고, 진리의 논쟁적, 정치적 의미를 복구한다. 푸코는 이러한 진리의 정치적 차원에 대한 사유를 통해, 지식에 관한 고고학적 탐구의 방향성을 '권력의 계보학'적 탐구로 재설정한다. 이제 푸코는 담론을 일종의 제약 체계로서 분석하는 것에서 더 나아가, 담론의 역사적 형성을 탐구하고자 한다. 계보학적 관점이란 "기존의 담론에 의거하여 혹은 그것에 대항하여, 특정한 담론들이 출현·성장·변이하는 과정과 조건을 추적"하는 것이며, 지식을 "참 또는 거짓 명제를 긍정하거나 부정할 수 있게 함으로써 대상 영역 즉 실증성을 구성하는 힘"의 차원에서 파악하는 것이다.[15] 다시 말해 지식의 배후에서 권력의 작용을 발견하는 동시에, 담론의 차원을 통해서 또한 권력을 이해하는 것이다. 이로써, '담론적 요소들을 가로지르며 지식을 형성, 조직하는 원리'로서 권력이라는 주제가 탐구의 전면에 등장한다.

---

15   *OD*, pp. 71-72. 지식의 고고학에서 권력의 계보학으로의 이행에 관련된 자세한 논의는 다음을 참고하라. 양창렬, 447~456쪽.

266

　　푸코에 따르면 권력의 작동은 서구 문화사에서 경제적 구조들에 비해 덜 가시화되고 덜 체계적으로 분류, 정리되어왔지만 실상 문화 전반에 가장 깊이 스며 있는 것으로서, 우리의 삶과 존재 방식을 가장 근본적인 차원에서 관장한다. 따라서 푸코는 "우리 존재의 모든 흔적을 포위하고 있는 정치적 관계들"에 대해 해명하고자 하며, 그중에서 사법을 최우선적인 탐구 영역으로 설정한다(46쪽). 사법적 실천 즉 인간들 사이에서 과오와 책임을 중재하는 방식, 재판의 방식, 상벌 체계를 구성하는 방식은 서구 역사에서 끊임없이 변화해오면서 진리의 형태들과 인간과 진리의 관계, 그리고 인간의 존재 양식을 특권적으로 규정해왔기 때문이다(40쪽). 이러한 맥락에서 푸코는 서구 역사에서 사법적 실천의 형태를 결정해온 세 가지 체제(시련, 조사, 검사)를 포착하고, 그 각각을 구성하는 지식과 권력의 요소들을 정의한다(2~5강). 앞서 우리는 푸코가 사회 안의 여러 장소에서 형성되는 지식의 유형들에 기반한 진리의 역사를 쓰고자 했다고 말했다. 시련, 조사, 검사는 이러한 지식의 유형들을 탄생시키는 규칙적 체계들에 부여된 이름들이라 할 수 있다.

　　세 체제를 간략히 살펴보면 다음과 같다. 먼저 '시련'은 상고기 그리스법, 고대 게르만법, 중세 봉건법에서 나

267

타났던 형태로, 이항 체제와 힘 관계로 특징지어진다. 시
련 체제에서 사법적 진실과 유무죄의 여부는 이해당사
자들 간의 맹세 또는 결투에서의 승패에 따라 결정된다.
다시 말해 시련은 힘이 곧 진실이고 정의인 체제이다. 이
러한 시련 체제는 고전기 그리스와 중세 말 신흥 군주국
가에서 증언에 기반하여 진실을 결정하는 '조사' 체제에
의해 대체된다. 조사 체제의 성립은 사법권 자체의 형성
이기도 하다. 사법적 분쟁에 국가가 개입하면서 이항 구
도가 삼항 구도로 변화하고, 그에 수반하여 국가와 주권
자에 대한 침해 행위를 가리키는 '범법infraction' 개념, 주
권자의 대리인인 '검사procureur' 제도, 그리고 국가에 대
한 보상 제도가 성립했기 때문이다. 시련에서 조사로 권
력의 유형이 전환됨에 따라 진실의 형식은 "힘에 기반한
옳음에서 증언에 기반한 진실로" 탈바꿈한다.[16] 따라서
연금술과 중세 대학의 논쟁disputatio 등 시련 모델에 따른
지식 유형은 그리스 사유와 르네상스에서 관찰 과학과

16   Hoffman, pp. 37. 예컨대 『오이디푸스 왕』에서 미래에 대한 예견은 점술사
에 의해 이뤄지지만, 과거에 일어난 일에 대한 확인, '라이오스 왕을 누가 죽였는
가'에 대한 대답은 노예의 증언을 통해 주어진다. 푸코는 이것을 시련 체제에서
의 마술-종교적 진실 담론과 조사 체제에서의 경험적, 회고적 진실 담론의 교차
로 해석한다(60쪽).

진리와 법적 형태들

수사학, 철학 등 증거와 증명에 의거하는 합리적, 경험적 형태들에 자리를 내준다. 이러한 조사적 권력과 지식은 18세기 말~19세기 초 유럽의 사법 체계의 재편에 따라 '검사'적 유형에 의해 추월당한다. 검사 체제의 핵심은 처벌 방식으로서 감옥 제도의 일반화와 그것이 나타내는 사회적 통제 메커니즘(판옵티즘panoptisme)의 확립이다. 조사가 증언을 통해 사실을 재구성하고 과거의 위반 행위에 대응하는 체제라면, 검사는 개인들에 대한 완전하고 부단한 감시를 통해 미래의 위험성을 관리하는 체제이다. 따라서 검사 체제는 기존의 사법 제도 외에 감시를 위한 보조 권력들, 예컨대 경찰과 심리학, 정신의학 등 인간과학적 지식이 개입하는 일련의 감시-교정 제도들을 발달시키며, 이를 통해 개인들에 대한 규범적 지식의 구축과 정상성에 입각한 질서의 수립을 추구한다.

　이 중에서 검사 체제는 현대인의 삶을 지배하는 지식-권력 유형으로서 특별한 중요성을 지닌다. 푸코에 따르면 오늘날 우리는 사실상 벤담이 설계한 판옵티즘이 지배하는 일망감시적 사회에 살고 있다(137쪽). 1강 서두에서 푸코는 특별히 19세기에 어떻게 인간의 정상성에 관련된 지식이 통제와 감시라는 사회적 실천으로부터 형성되었는지를 보이고 싶다고 말한다(11쪽). 따라서 검사

269

적 지식-권력은 이 연구의 출발점이자 목적지라고 할 수 있다. 현대적 지식-권력 유형에 대한 분석은 마르크스주의적 관점에 대한 직접적인 비판을 구성한다는 점에서 또한 중요하다. 푸코에 따르면 지식-권력 연구는 자본주의 사회에 대해 마르크스주의와는 근본적으로 다른 이해로 우리를 인도한다. 예컨대 마르크스주의는 노동을 인간의 구체적인 본질로 전제하고, 자본주의를 그러한 노동을 잉여가치로, 또 초과이윤으로 변형시키는 경제적 시스템으로 이해한다. 그러나 푸코의 관점에서 노동이 인간의 본질이라는 믿음은 인간을 실제로 생산 장치에 묶는 권력의 조작과 작동의 효과이며, 자본주의란 경제적 시스템이 아니라 우리 삶 전반에 침투해 있으면서 개인들을 노동자로 실질적으로 변형시키는 정치적 기술의 총체다. 자본주의는 노동자에 대한 체계적 관찰을 통해 그의 시간을 최대한 효율적으로 추출하기 위한 각종 과학적 지식을 형성하고, 이를 다시 생산을 위한 기술적 지식에 투입하여 노동자를 한층 더 정교하게 통제하는, 19세기의 검사적 지식-권력 그 자체인 것이다. 자본주의 사회의 지식들과 정치권력은 마르크스주의에서 말하듯 생산관계의 단순한 표현이자 반영 즉 이데올로기가 아니라, 그것의 작동을 실질적으로 가능케 하는 요소들이다.

270

따라서 자본주의를 비판하고자 한다면 우리가 공격해야
할 지점은 바로 우리 사회에 마치 모세혈관처럼 퍼져 있
는 지식-권력의 기관들이라고 푸코는 강조한다(195쪽).

　　지식-권력에 대한 분석은 "존재의 조건은 지식의 주
체를 형성하는 지식-권력 실천의 복합적인 작용으로부터
생산된다"[17]는 것을 보여준다. 다시 말해, 마르크스주의를
비롯한 현대의 여러 사유에서 초역사적, 보편적 존재로
가정되는 주체가 사실 특정한 정치적 조건 아래서 구성
되는 존재임을 보여준다. 이렇게, 지식에 대한 푸코의 탐
구는 "우리 존재의 많은 부분을 이루고 있기에 오히려 감
춰져 있는" 우리 존재의 조건들과 토대를 발견함으로써,
"현재의 투쟁 전략의 전술적 목표들을 정의"할 수 있게
해주는 "역사-정치적 기획"으로 자리매김한다(246쪽).[18]

이 책을 출간하기까지 많은 분들의 도움이 있었다. 먼저

17　　Hoffman, pp. 38.

18　　푸코는 1970년대까지 지식-권력의 복합적 작용에 의한 주체의 타율적 형
성에 대해 분석했다면, 1980년대에 가서는 주체가 스스로 진실 담론을 생산함
으로써 형성되는 과정의 역사에 대해 탐구한다. 이러한 진실 담론의 생산은 언
제나 담론의 상대자로 존재하는 타자와의 관계를 전제한다. 이로써, 푸코의 고
고학적, 계보학적 탐구는 진실 담론을 매개로 한 주체의 정치적-윤리적 형성에
대한 통일적인 탐구로 재구성된다.

271

옮긴이 해제

이 책의 출간을 기획하시고 경력이 일천한 나에게 귀중한 작업을 맡겨주신 현대정치철학연구회와 출판사 현실문화연구에 감사드린다. 특히 번역의 기초적인 틀을 잡아주시고 마지막까지 꼼꼼하게 검토해주신 김상운, 양창렬, 황재민 선생님, 검토 작업에 함께해주신 임민지, 장원, 강길모, 강민혁 선생님, 해제 원고를 읽어주고 아낌없는 조언으로 완성에 큰 도움을 준 동료 최의연, 김현준, 박민지, 서원주, 장성빈, 최건 님께 깊이 감사드린다. 마지막으로 지금까지 학업의 길에서 인연을 맺은 여러 선생님과 동료들께 이 자리를 빌려 마음속 감사의 말씀을 전한다.

진리와 법적 형태들

진리와 법적 형태들

154, 164, 168, 268

범죄학   17, 134~135, 155,
　190, 192

베르낭, 장피에르   227,
　229~230

베이컨, 프랜시스   216

베카리아, 체사레   126,
　129~134, 140, 155, 164,
　191

벤담, 제러미   126, 129, 131,
　135~137, 163, 165, 167,
　269

보르헤스, 호르헤 루이스
　247~248

복수주의   208

봉건사회   100~101, 103,
　163, 182, 196

봉인장   148~152, 178

브리소, 자크   126, 130, 132

비교주의   249

비시타티오   110

비정상   11

비트겐슈타인, 루드비히

218

ㅅ

사상사   13, 256

사회적 정형술   135

산업사회   131, 183

생산력   191~192

생파르조, 르 펠라티에 드
　131

설, 존 로저스   218

소크라테스   219~220, 263

소크라테스주의   222

소포클레스   46, 50, 57~58,
　63~64, 70~71, 75,
　77~79, 86~87, 203~205,
　210~212, 224

소피스트   77~79, 219~221

솔론   70, 72

쇼펜하우어, 아르투어
　20~21

수용시설   174, 190

쉼볼론   58, 62

스트로슨, 피터 프레더릭

275

진리와 법적 형태들

진리와 법적 형태들

진리와 법적 형태들

1판 1쇄 2026년 5월 4일

지은이 미셸 푸코
옮긴이 육은정
감수   김상운, 양창렬, 황재민
편집   문용우
펴낸이 김수기

펴낸곳 현실문화연구
등록 1999년 4월 23일 / 제2015-000091호
주소 서울시 은평구 불광로 128 배진하우스 302호
전화 02-393-1125 / 팩스 02-393-1128 / 전자우편 hyunsilbook@daum.net
ⓗ blog.naver.com/hyunsilbook   ⓕ hyunsilbook   ⓧ hyunsilbook

ISBN 978-89-6564-320-3 (93100)